Herramientas metodológicas didácticas

para los procesos investigativos

Herramientas metodológicas didácticas

para los procesos investigativos

Lilia Moncerrate Villacís Zambrano

Villacís Zambrano, Lilia Moncerrate
*Herramientas metodológicas didácticas
para los procesos investigativos.*

2022

Esta obra fue arbitrada, previa su publicación,
por el Consejo Editorial de la Universidad España.

Escribir un libro es un sueño, pero cuando se une con la experiencia es un arte. Por esta razón la vida se hace más sencilla, cuando nos damos cuenta, que al igual que pasa con los libros, en algún momento debemos sistematizar lo que aprendemos y lo que deseamos compartir.

Dedico este libro a los protagonista de esta experiencia: estudiantes y maestros.

En sus manos, estimados estudiantes, está el seguir profundizando, investigando; y así seguir pasando las páginas parar volver a empezar otro capítulo que les llevará a la ciencia desde la experiencia.

Contenido

CAPÍTULO I

CAPÍTULO II

PRÓLOGO

En la actualidad, muchas empresas, negocios, organizaciones e instituciones buscan desde su contexto posicionarse en el mercado y alcanzar resultados favorables a la actividad para la cual se desempeñan, sin dejar de plantear que, en conjunto con lo anteriormente expresado, está la evolución de la tecnología, que se antepone a un desarrollo empresarial vertiginoso, por lo que Ecuador como país, dentro de sus políticas, busca fomentar e incentivar la actividad comercial.

La autora expone en el libro titulado "Herramientas Metodológicas Didácticas para los Procesos Investigativos" una dinámica que permite desde el estado del arte interiorizar fundamentos teóricos en el proceso de investigación permitiendo desde el estilo de redacción y su claridad, ubicar al lector a la comprensión del mismo.

La estructura del libro está orientada a la formación de estudiantes, docentes y público en general, que desde su integración como texto favorezca a una dinámica investigativa y formativa en el desarrollo de proyectos viables desde su conceptualización didáctica y metodológica.

Éste expone, desde la praxis, proyectos investigativos sostenibles de intervención en las comunidades de los cantones Sucre, San Vicente, Jama y Pedernales, como muestra de las actividades del proceso investigativo desarrollado en la Universidad Laica "Eloy Alfaro de Manabí", Extensión Bahía de Caráquez.

Se resalta que el libro permite ser aplicado en otros sectores o comunidades de otras regiones o países del continente latinoamericano, puesto que su argumento aborda autores e investigadores reconocidos en el área, y desde el sentido aplicativo se adapta a las normativas vigentes educacionales del siglo XXI.

Les invito a leer, llevarlo a los espacios de aprendizaje, a valorar este libro donde encontrarán fichas de trabajo, producción científica como fuente de trabajo productivo, y multidisciplinario que ayudará a integrarlo en varias competencias de aprendizaje.

Mis más sinceras felicitaciones a la autora de este libro, que abordó con toda su experiencia y experticia docente; un gran logro de integración de los procesos sustantivos.

Dr. Frank Ángel Lemoine Quintero

INTRODUCCIÓN

Desde la práctica académica, los estudiantes de Educación Superior, evidencian algunas falencias en el proceso investigativo; se constata en los primeros años de estudios universitarios, los resultados lo demuestran cuando tienen que trabajar proyectos de aprendizaje. La evolución social, investigativa, científico y económica actual requiere de un aprendizaje diferente. Años atrás se llevaba un enfoque basado en la trasmisión del conocimiento acumulado, donde solo se potenciaban la memoria y fundamentos de disciplina, para entonces parecía adecuado, pero hoy es insuficiente para la nueva sociedad del conocimiento.

Hablar de una metodología investigativa en el proceso de enseñanza aprendizaje, implica llegar a conocer y, desde las diversas aristas, dar respuesta a un problema, ya sea político, social, económico, cultural, religioso o de otra índole. Por esta razón, investigar significa realizar actividades sistemáticas y rigurosas que permitan determinar resultados válidos que aporten nuevos conocimientos a la ciencia.

Desde este escenario, donde se evidencian grandes dificultades en los estudiantes de nivel superior en el proceso investigativo, ante las falencias encontradas se plantea la necesidad de ejercitar un conjunto de procedimientos investigativos o estrategias de aprendizaje que le permitan conocer, comprender y extrapolar nuevos conocimientos.

Esto se debe a las dificultades académicas en el proceso investigativo, falta de preparación investigativa, débiles conocimientos o aptitudes de estudio, insuficiente rigor académico, competencias fundamentales para abordar una investigación a partir de la realidad lógica, objetiva y reflexiva, que ayude a producir un nuevo conocimiento.

Ante este panorama, es imperativo incrementar la actitud investigadora a través de una metodología práctica, desarrollando el pensamiento crítico reflexivo en los estudiantes, generando en ellos conciencia de gestores de un nuevo conocimiento a través de:

- Aplicar nuevas estrategias para indagar, argumentando las ideas desde una perspectiva lógica.
- Potenciar en los estudiantes el interés por la indagación, no solo para realizar un trabajo académico, sino para dar respuesta a la realidad actual.
- Desarrollar competencias no solo para investigar, sino también para que aprenda a leer, escribir y pensar en las diversas situaciones del aprendizaje.

Para ello es de vital importancia que los estudiantes aprendan a relacionar todas las asignaturas que proporciona el plan de estudio de su carrera universitaria, de manera interdisciplinar, lo que les servirá como base para producir nuevas ideas en las tareas, como lo dice el Reglamento de Régimen Académico Consejo Educación Superior (2017), en el artículo 350 de la Constitución de la República dispone: "que el Sistema de Educación Superior tiene como finalidad la formación académica y profesional con visión científica y humanista; la investigación científica y tecnológica; la innovación, promoción, desarrollo y difusión de los saberes y las culturas; la construcción de soluciones para los problemas del país, en relación con los objetivos del régimen de desarrollo".

Esto permite tener claro que es una política de estado y no de gobierno, por lo que debe potenciar todo proceso investigativo en las diversas áreas del conocimiento y desde los primeros años en que ingresan los estudiantes a la universidad.

En la Conferencia Mundial de la Educación Superior, desarrollada en París en 2009, se planteó:

> "La calidad de la educación superior es un concepto multidimensional que debería comprender todas sus funciones y actividades: enseñanza y programas académicos, investigación y becas, dotación de personal, alumnos, infraestructura y entorno académico. Ha de prestarse especial atención al progreso de los conocimientos mediante la investigación".

Actualmente, los procesos de enseñanza–aprendizaje a nivel universitario se han replanteado desde prácticas metodológicas y didácticas, así como la enseñanza de metodología de investigación, que debe ser en función de la preparación de nuevos profesionales para que puedan responder a los retos asumidos en el siglo XXI. Por esta razón, es necesario revisar las mallas curriculares en todas las carreras a nivel regional y nacional, desde los contextos culturales e institucionales.

Es importante retomar respuestas desde el punto de vista científico, tecnológico, social, educativo y humanístico, para ir rompiendo viejos paradigmas que no permiten que el estudiante sea el protagonista de su propia producción científica, para ello es necesario brindar estrategias metodológicas donde el estudiante asuma el rol de investigador, percibiendo una visión multidisciplinaria. Solo así puede dar respuesta de sus dificultades en los procesos investigativos, integrando los procesos sustantivos como son la academia, la investigación y la vinculación con la sociedad, pilares fundamentales en la gestión del conocimiento y núcleo central que garantice el desarrollo profesional y generador de nuevos conocimientos.

Este proceso investigativo en educación superior debe ser una plataforma en los procesos de aprendizaje, teniendo en cuenta los procesos formativos de los estudiantes.

La investigación es considerada una actividad orientada a la obtención de hallazgos significativos que aumentan el conocimiento humano y enriquecen la ciencia. Tiene la capacidad de favorecer el desarrollo de habilidades y el descubrimiento de nuevos hechos, de acuerdo con los avances en la técnica, la tecnología y el pensamiento (Bijarro, 2007).

Desde el punto de vista de Colina (2017), la actividad científica de las IES es orientar sus investigaciones hacia el criterio de la pertinencia social. Así ha sido desde 1995, cuando la UNESCO introdujo el término en sus documentos especializados y ha sido fortalecido según Naidorf, Giordana y Horn (2007), a partir de 1998, con la realización del "Encuentro mundial sobre la enseñanza superior en el siglo XXI".

Para los autores anteriores, el proceso investigativo debe tener un hilo conductor desde la academia y su inserción en lo social. Esto significa que la realidad debe ser operante en todo proceso formativo y se evidencia en varios trabajos que se han desarrollado en la experiencia académica y científica.

CAPÍTULO I

1. EL PROCESO INVESTIGATIVO

1.1 Investigar

En este capítulo se desarrollará el proceso investigativo, qué es investigar, por qué investigar, para qué investigar, y su importancia dentro del contexto para dar respuesta a la realidad circulante y a la problemática planteada.

Ander-Egg (1992), afirma que la investigación es:

> Un procedimiento reflexivo, sistemático, controlado y crítico que tiene por finalidad descubrir o interpretar los hechos y fenómenos, relaciones y leyes de un determinado ámbito de la realidad [...] una búsqueda de hechos, un camino para conocer la realidad, un procedimiento para conocer verdades parciales o, mejor, para descubrir no falsedades parciales (p. 57).

Cívicos (2007), considera que la investigación requiere de un procedimiento sistemático, lo que la convierte en una actividad densa y compleja, más aún cuando una investigación se realiza sobre un tema poco investigado. Este mismo autor plantea que más allá del modelo cuantitativo y cualitativo, se hace investigación básica, que se ocupa del objeto de estudio sin considerar una aplicación inmediata, y cuyos resultados y descubrimientos pueden originar nuevos productos y avances científicos (Cívicos y Hernández, 2007), e investigación aplicada, aquella que utiliza los conocimientos en la práctica. Por su parte, Padrón (2006) y Martínez (2004) enfatizan que los conocimientos son para aplicarlos en provecho de la sociedad en general, además de ofrecer nuevos conocimientos que enriquecen la disciplina desde la cual se investiga, citado por (Nieto, Gómez, & Eslava, 2016).

Desde el punto de vista de Sampier (2014), la investigación es un conjunto de procesos sistemáticos, críticos y empíricos que se aplican al estudio de un fenómeno o problema.

Los autores coinciden en que todos los procesos investigativos son procedimientos reflexivos y sistemáticos, convirtiéndose en una actividad compleja que da respuesta a los problemas sociales. En lo académico, el proceso de investigación es útil en los procesos de aprendizaje, porque sirve como una herramienta para cualquier área del conocimiento.

1.2 Importancia de la investigación

Según Delgado (2002), la madurez de una disciplina se mide por la actividad investigadora que genera. Para evaluar el progreso de una disciplina, nada mejor que valorar la cantidad y calidad de la investigación producida. En este contexto, los análisis basados en indicadores biblio–ciencia–informétricos, y convertidos a unidades de resultados de investigación, como los artículos científicos, constituyen una vía desde la que es posible obtener parámetros de evaluación.

La investigación es importante, porque ayuda a ampliar y producir nuevo conocimiento de la realidad concreta y segura, brindando posibilidades de todo tipo en los diversos campos: social, educativo, económico, cultural, político y religioso. Además, incentiva al pensamiento crítico, es fuente de aprendizaje, profundiza y robustece la inteligencia, dejando atrás la memoria, que no ha permitido que la innovación sea parte del crecimiento, haciendo de profesionales indiferentes a la creación de nuevas formas de aprendizaje de alto nivel.

El éxito de una universidad no solo se debe a una buena malla curricular, políticas de gestión, horarios, pasantías y clases magistrales, entre otros elementos; también depende del conocimiento de las tecnologías pertinentes de profesores críticos e investigadores bien formados. Es fundamental que los docentes estén en formación continua, que tengan una capacidad científica y tecnológica actualizada, que ayude a desarrollar y solucionar procesos de aprendizaje operantes y tecnologías disponibles para preparar profesionales que brinden respuestas a los problemas de su realidad, con un conocimiento profundo del entorno.

En el *Plan del Buen Vivir,* el país manifiesta que, por otra parte, la investigación que se realiza en las universidades debe transformarse en uno de los principales puntales de la transformación de la economía extractivista y primario exportador que tiene actualmente el Ecuador. En este sentido, y dado el rezago que tiene el país en investigación, debe ser prioridad de la cooperación internacional, la transferencia tecnológica y de conocimientos que apunten a una satisfacción de necesidades básicas, más eficiente y con calidad, así como a la consolidación de la industria nacional.

De la misma forma, toda inversión extranjera directa deberá ser portadora de tecnología y de conocimiento que puedan ser aprovechados por el Ecuador, como parte de su desarrollo endógeno, sin estar sometido a condicionalidades y dependencias. Resulta indispensable ligar la investigación producida en las universidades a los institutos públicos de investigación, con el fin de crear sinergias que permitan aportar valor agregado a la industria nacional. En este sentido, la investigación básica debe estar ligada a la investigación aplicada para la construcción de la industria nacional del país.

1.3 Tipos de investigación

Dentro del proceso de investigación se encuentran varios tipos de investigación, el tipo está determinado a la clase de investigación que el investigador quiera proponer. De manera general, existen dos tipos de investigación: la pura y la aplicada.

Investigación pura

La investigación *pura*, o también llamada *teórica*, se caracteriza por el estudio del constructo teórico, formulación de teorías, modificar existentes, plantear leyes y fenómenos.

Para los autores Campbell, D.T. y Stanley, J.C. (1973), "la investigación teórica, se interesa en el descubrimiento de las leyes que rigen el comportamiento de ciertos fenómenos o eventos; intenta encontrar los principios generales que gobiernan los diversos fenómenos en los que el investigador se encuentra interesado".

Figura 1. Procesos de la investigación pura

Ejemplos de investigación pura:

- Estudio de los elementos constructivos en la formación de las islas Galápagos, las diversas teorías que tiene cada isla.
  Aquí se recopilaría información referente a la formación de cada isla, qué elementos históricos verifica el origen de cada una, hasta la actualidad.

- Conocer la literatura del origen del COVID 19 en determinado tiempo y periodo en los países europeos y latinoamericanos.
  Como en el caso anterior, el estudio se orientará específicamente a ubicar los países europeos y latinos que fueron afectándose durante el tiempo y periodos ubicando los niveles de contagio y su proceso de curación.

A partir del siguiente ejemplo, se conocerán los pasos de una investigación pura:

- Se desean conocer los daños colaterales de los pacientes ante la vacuna del Covid–19. Se puede comprobar que el conocimiento no tiene una aplicación práctica inmediata; sin embargo, en el futuro se puede predecir si hay daños colaterales para evitar males mayores.

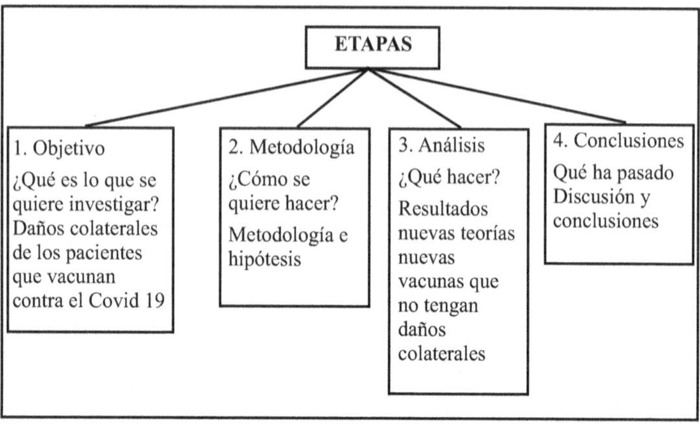

Para Pilara Soriano (2019), en lo referente al proceso metodológico en métodos de investigación científica, muchos autores concuerdan que para llevar una metodología sistemática no se debe de olvidar que, en primera instancia, se debe plantear ¿Qué es lo que se quiere investigar?, luego se elige la metodología y se describe la hipótesis, ¿cómo se quiere hacer?, seguidamente se analizan los resultados para obtener teorías. ¿Qué ha sucedido?, y para cerrar la investigación, se obtienen conclusiones, para responder ¿por qué ha sucedido?

Para que la investigación a realizar sea clara, a partir del objetivo planteado, hay que responder las preguntas anteriores en base a la realidad en la que se investiga. Es menester dar a conocer el problema, para responder a la necesidad planteada, de manera sistémica y a través de los procesos metodológicos.

Investigación aplicada

Para Murillo (2008), la investigación aplicada recibe el nombre de "investigación práctica o empírica", que se caracteriza porque busca la aplicación o utilización de los conocimientos adquiridos, a la vez que se obtienen otros, después de implementar y sistematizar la práctica basada en investigación.

Se pueden encontrar varios conceptos referentes al tema "investigación aplicada"; se exponen algunas de las ideas de Padrón (2006) al respecto, para quien la expresión se propagó durante el siglo XX, para hacer referencia, en general, a aquel tipo de estudios científicos orientados a resolver problemas de la vida cotidiana o a controlar situaciones prácticas que ayuden a dar una respuesta a las necesidades urgentes de la sociedad.

Para Méndez (2007), la investigación aplicada se evidencia "Cuando las investigaciones tienen como propósito el cambio y la mejoría humana, resolver problemas prácticos, se habla de investigación aplicada. La investigación también es instrumental cuando se toman decisiones."

Por su parte, el pedagogo, filósofo, sociólogo y ensayista argentino Ezequiel Ander-Egg, indica que la investigación aplicada es una solución eficiente y con fundamentos a un problema que se ha identificado.

Ejemplos de investigación aplicada:

- En lo concerniente a la investigación aplicada, uno de los ejemplos podría ser utilizado en la ciencia médica, en el caso de los científicos que están buscando la cura para el COVID 19 o el SIDA. El investigador deberá acudir a todas las investigaciones teóricas previas del COVID 19 o el SIDA, y, a partir de ahí aplicar en los pacientes las vacunas que han salido.

- La investigación requerirá conseguir los datos exhaustivamente, anotando después de la aplicación de cada sustancia estudiada, para llevar el registro lo más prolijo posible de las reacciones fisiológicas, físicas y biológicas de los pacientes a quienes se ha aplicado dicho medicamento. La investigación aplicada indicará de esta manera, qué sustancia es efectiva para la cura del COVID 19 o del SIDA.

- La producción científica integra los procesos sustantivos en los estudiantes de la Extensión Bahía.

La participación de los estudiantes en la producción científica ha ayudado en la integración de los procesos sustantivos, aumentando la publicación de ponencias, artículos, y libros.

Los trabajos de titulación que se investigan desde las actividades de los proyectos permiten aumentar la producción científica en la universidad "Eloy Alfaro de Manabí-Extensión Bahía".

ACTIVIDADES PARA PROFUNDIZAR
EL TEMA TRATADO

1. En el siguiente cuadro comparativo, ubica dos diferencias y dos semejanzas de los tipos de investigación estudiadas.

Tabla 1. Diferencias y similitudes

SEMEJANZAS		DIFERENCIAS	
Teoría	Práctica	Teoría	Práctica

2. Lea y revise la ficha cognitiva y ubique en el cuadro a cuatro autores que hablen de:

- ¿Qué es para ustedes la investigación?
- ¿Qué es investigar?
- ¿Qué hace un investigador?

Tabla 2. Matriz cognitiva

MATRIZ DE NIVEL COGNITIVO. OBJETIVO:
FORMULAR CRITERIO INTERPRETATIVO A PARTIR DE CONCEPTOS DE AUTORES O INVESTIGADORES. METODOLOGÍA.

La misma conformada por cinco columnas, con la finalidad de contribuir con el trabajo autónomo de los estudiantes y con ello elevar el nivel interpretativo y cognitivo, coadyuvando a su nivel formativo y profesional. Esta matriz permitirá que el estudiante investigue a partir de la conceptualización bibliográfica, desarrollándole actitudes interpretativas y analíticas, permitiendo una mejor comprensión de la asignatura y desarrollarle habilidades. Se parte del nivel de análisis de los estudiantes, la misma que tiene niveles de calificación por cada habilidad y destreza desarrollada. *Definir* (1 punto) *Referenciar* (1punto) *Identificar* (2.5 puntos) *Comprender* (2.5 puntos) *Desarrollar* (3 puntos), por lo que la matriz se conforma de la siguiente forma:

PRIMERA COLUMNA (Definir). Se ubicará la definición del autor, criterios, fundamentos o resultado investigativo. También puede ir ubicada una técnica, método o herramienta y el autor que la ha diseñado o utilizado en algún estudio, de acuerdo a lo orientado por el docente. Su efectividad depende del número de definiciones por diferentes autores.

SEGUNDA COLUMNA (Referenciar). El estudiante debe colocar el origen de las referencias, ya sea bibliografía, artículos, monografías, estudio de casos, entre otros.

TERCERA COLUMNA (Identificar). El estudiante argumenta de acuerdo a las diferentes definiciones o empleabilidad de algún método o técnica, a partir de un estudio de caso o bibliográfico. El docente le explicará para que la conducción sea aceptada por el estudiante y llegue él mismo a definir las diferencias entre una definición y la otra, o la diferencia de un mismo método o técnica, pero que se haya aplicado en diferentes ámbitos empresariales.

CUARTA COLUMNA (Comprender). El estudiante, desde su estudio interpretativo, llegará a un análisis fundamentado en su criterio de acuerdo a su entorno evaluativo y la utilidad o aplicabilidad del mismo.
QUINTA COLUMNA (Desarrollar). Se utiliza para dar respuesta inmediata a la situación espacial. El estudiante podrá, desde su evaluación, análisis interpretativo y comprensivo o bien definir con su criterio un concepto, una definición o aplicabilidad de la misma de acuerdo al entorno que ubique la situación interpretativa de carácter histórico, social, cultural o tecnológico.

3. Existen otros tipos de investigación; realizar una búsqueda en línea de todos aquellos que no identifica en la lectura, fundamentarlos desde el constructo teórico de varios autores.

Tabla 3. Conceptualizaciones de la matriz cognitiva

Definiciones	Referenciar	Identificar	Comprensión	Construir o desarrollar

1.4. Elementos estructurales dentro del proceso de investigación

Hoy se reconocen muchos elementos estructurales dentro del proceso de investigación, pero se reflexiona de cuatro que son indispensables para iniciar el camino de toda investigación.

Tabla 4. Conceptualizaciones de los elementos del diseño metodológico

Elementos estructurales	Conceptualización	Puntos de vista de varios autores
SUJETO	El que desarrolla la investigación	Para la asociación Española (2015), manifiesta que el sujeto son las personas seleccionadas para una investigación. Según Martínez (2015), el sujeto de investigación cubre ese supuesto: es un sujeto activo, con beneficios y riesgos durante su participación en el protocolo.
OBJETO	Lo que se investiga, sea la materia, el tema	Desde la perspectiva de ECU RED (2010), es el espacio objetivo que constituye el fundamento real donde se conectan los hechos, constituyendo la porción finita que se estudia de la realidad, por lo que es imposible transformar aquello que no se conoce, ni investigar un área que no se domina.

MEDIO	Conjunto de métodos y técnicas, apropiados	Para Álvarez (2019), los medios de investigación son aquellos que dan origen o cuentan con la información que es indispensable para cualquier investigación. Son acciones que desplegaremos en los escenarios más adecuados de los presentados en las líneas anteriores, y a través de qué medios y canales las desarrollaremos. Las posibilidades las organiza muy adecuadamente.
FIN	El propósito, la búsqueda, solución del problema, lo que se quiere llegar a conocer.	Desde el punto de vista de García (2005), la actividad de investigación busca determinar qué fue lo que sucedió, quién lo realizó, cómo lo hizo, cuándo y por qué; es una tarea de reconstruir el hecho a partir de la información que se pueda obtener de las distintas fuentes de prueba. Lo que se persigue, los propósitos de la actividad de búsqueda, radica en la solución de una problemática detectada.

Tabla 5. EJEMPLOS DE UNA PONECIA TRABAJADA: sujeto, objeto, medio, fin

TEMA

TEMA	SUJETO	OBJETO	MEDIO	FIN
Servicio de calidad para gestionar la atención del cliente en los restaurantes de Briceño cantón San Vicente	Clientes	Calidad de gestión	Restaurantes de Briceño	Desarrollar un plan de servicio de calidad para gestionar la atención del cliente en los restaurantes de Briceño.
Diagnóstico de la inocuidad en el sector gastronómico y sus efectos en la atención al turista del balneario Briceño cantón San Vicente.	Turistas	Inocuidad en el sector gastronómico	Efectos de atención	Diagnosticar la inocuidad en el sector gastronómico y sus efectos en la atención al turista cantón San Vicente

Tabla 6. ACTIVIDAD

Defina los siguientes temas y descríbalos en el cuadro que se encuentra a continuación, SUJETO, OBJETO MEDIO, FIN.

TEMA	SUJETO	OBJETO	MEDIO	FIN
Las redes sociales llegan poco a las personas de bajos recursos				
La bioseguridad como valor agregado en las estrategias de ventas				
La marca personal como recurso para las microempresas				
Plan de Marketing como herramienta para aumentar las ventas en establecimientos gastronómicos de la zona norte de Manabí" fue aprobado con correcciones				
Procedimientos para el diseño de producto turístico arqueológicos. Caso costa norte de la Provincia de Manabí				

1.5 Proyectos investigativos

Son proyecciones a partir de un plan lógico para dar respuesta a una necesidad de la comunidad, teniendo como objetivo desarrollarlo de manera sistemática y metodológica a partir de un diseño que respondan a los fines pertinentes.

Para Barber (2008), cuando se habla de proyecto sin dudas, estos cuestionamientos conducen a pensar que en ocasiones, el significado del proyecto puede verse reducido a un simple trámite burocrático que es imprescindible realizar para alcanzar determinados fines, como los que se han mencionado, y no surge como la consecuencia natural de la necesidad del investigador de reflejar, en este documento, sus ideas acerca de un objeto de investigación y de planificar el proceso investigativo en sí.

Todo proyecto debe surgir a partir de una realidad, para que tenga visión y responda a la realidad circundante, sea esta académica, científica o tecnológica; lo que se debe tener claro es cómo se piensa hacer y cómo los proyectos de investigación se adaptan a las expectativas del investigador y las respuestas que desea dar a la comunidad, desde la cátedra o desde los problemas sociales.

Los proyectos también pueden ser de acuerdo a la naturaleza de sus objetivos como:
- Investigar temáticas poco exploradas por los investigadores, indagando algún campo del saber.
- Descubrir otras realidades que han quedado inconclusas.
- Medir relaciones notables entre dos variables, conceptos u otras entidades.
- Encontrar relaciones en causa, efecto y consecuencias para dar explicaciones de las mismas, estas pueden ser experimentales y documentales.

* *Experimentales:* se basan en la reproducción de variables en un entorno controlado para verificar teorías e hipótesis.
* *Documentales*: se fundamentan en lecturas, análisis del material anterior y de la bibliografía.

Ejemplos:

Proyectos de la Universidad Eloy Alfaro de Manabí, extensión Bahía de Caráquez, que entran en el campo del saber:

PROYECTO

Aplicación del marketing experiencial en la creación, promoción, difusión y posicionamiento post terremoto de la nueva imagen de los destinos Sucre, San Vicente – Jama, Pedernales. Liderado por el Mgs. César Carbache Mora, del cual hay un producto, que es una revista[1].

PROYECTO

Diseño de un ruta turística arqueológica–histórica en los cantones Sucre, San Vicente, Jama y Pedernales, de la provincia de Manabí, liderado por Mgs. William Meneses, del cual tiene muchos artículos regionales y de alto impacto y libros. Como producto se tiene el libro "Ruta histórica arqueológica de la zona norte de Manabí"[2].

---

[1] https://revistas.uleam.edu.ec/index.php/uleam_bahia_magazine, en este link encontrarán la revista y la producción científica del proyecto.

[2] http://142.93.18.15:8080/jspui/handle/123456789/605.

1.6 Etapas del proceso de investigación

Todo proyecto, ya sea académico o científico, tiene sus proceso o pasos que se deben de desarrollar de manera lógica y secuencial para que responda a la realidad planteada, sin olvidar que siempre debe estar presente el tema a investigar, el problema que se tiene que resolver y la metodología a utilizar.

1.6.1. Tema, título, problema

Para Jalan (2009), los temas de investigación surgen de diversas formas y, para descubrirlos, se necesita interés por la investigación, una actitud dinámica y reflexiva respecto a los diferentes conocimientos existentes en cada profesión, tema, duda o inquietud que se quiera investigar.

Cuando una persona desee realizar una investigación, y en especial el trabajo de grado, su mayor inquietud y preocupación es definir el tema a investigar. Es importante haber realizado un diagnóstico previo de factibilidad, una revisión bibliográfica que permita fundamentar el estudio del arte a través de los indicadores y variables a analizar, las mismas que ayudarán a responder eficiente y eficazmente el problema planteado. El autor plantea unas bases profundas, que conllevan a una actitud positiva y con la praxis se convierte en una aptitud de resultados en las diversas áreas del conocimiento.

La decisión está determinada por algunas situaciones que influyen notoriamente en el investigador. Al respecto éste debe plantearse algunas consideraciones tales como:

EL TÍTULO: Definida la idea o tema de interés para la investigación, es necesario condensarlo (sintetizarlo) en una frase que exprese la esencia de la idea o tema que va a investigarse, que es la que se le denomina título del estudio o proyecto de investigación.

El título debe demostrar el tema, y en particular el problema que se va a investigar, que igualmente se debe reflejar en todo el proceso del desarrollo del estudio; por lo tanto, no es aconsejable poner títulos generales, sino más bien específicos. Además, el título puede modificarse durante el desarrollo de la investigación. El título que precede todo texto de un proyecto de investigación, debe ser preciso y completo, dando una idea clara sobre cuál es el contenido del trabajo.

Cuando la extensión del título perjudica su claridad, conviene dividirlo en dos partes: el título propiamente dicho, que expresa lo que se va a investigar; y el subtítulo, que expresa las condiciones en las cuales se va a llevar a cabo la investigación.

El título no se debe confundir con el tema. Esto es general, en tanto que el primero debe ser específico y apuntar directamente hacia lo que el trabajo trata en forma particular. Es muy útil, desde el principio, elaborar un título provisional, el cual una vez concluido el diseño se debe revisar para que realmente exprese lo que se ha incluido en el trabajo.

Preguntas detonadoras para convertirlas en títulos y problema:

- ¿Se cuenta con el tiempo suficiente para desarrollarlo?
- ¿Posee los recursos necesarios para realizarlo?
- ¿El tema es de interés?
- ¿Existe información sobre el mismo?
- ¿Quién o en dónde se puede encontrar la información?
- ¿Qué resultados personales y generales traerá el desarrollo de esta investigación?

Tabla 7. Procesos de selección del tema

TEMA	TÍTULO	PROBLEMA
Es de lo que trata el texto, el asunto sobre el cual desarrollarás todas tus ideas principales y secundarias	Es el nombre con el que llamarás la atención para atraer a tus lectores. Es importante elegir siempre algo sugestivo, que te lleve al objetivo. Debe demostrar el tema, y en particular el problema que se va a investigar, el cual debe reflejarse en todo el proceso del desarrollo del estudio. No es aconsejable poner títulos generales, sino más bien específicos. El título debe tener las dos variables: Variable independiente (VI) y variable dependiente (VD).	Se define un problema como el conjunto de hechos o circunstancias que impiden la consecución de algún fin. El problema por investigar debe ser actual y aplicable, de tal manera que su solución aporte algo a un área de conocimiento y de ser posible a la sociedad. El problema NO ES AUSENCIA DE UNA SOLUCIÓN O LA FALTA DE ALGO, sino una situación negativa que impide arribar a una situación deseable u óptima.

Tabla 8. ACTIVIDAD

En el siguiente cuadro comparativo ubique el título y el problema.

TEMAS	TÍTULO	PROBLEMA
Manejo de las redes		
La bioseguridad en ventas		
Marca personal como recurso		
La educación virtual		
El turismo fuente económica		
Escasez de fuente de trabajo		
La empresa hotelera fuente de turismo		

1.6.2. Antecedentes, justificación

Antecedentes

Desde el punto de vista de Arias (1999), los antecedentes "Se refiere a los estudios previos y tesis de grado relacionadas con el problema planteado, es decir, investigaciones realizadas anteriormente y que guardan alguna vinculación con el problema en estudio. Debe evitarse confundir los antecedentes de la investigación con la historia del objeto de estudio en cuestión". El autor agrega que se debe de indicar el año de publicación y los autores de los estudios, así como valorar sus principales hallazgos.

Por antecedentes se entiende la revisión de otros trabajos para evitar errores de investigación; es decir, es necesario hacer exploración de la temática de la cual se va a investigar aspectos de mayor interés, esto permite no caer en temáticas ya investigadas.

Antecedente tomado de la Ponencia "Efecto de la medicina natural para contrarrestar los síntomas del COVID–19", presentada por Keily Jefferson Zambrano Arteaga y Luis Andrés Bedon Zambrano.

La medicina natural, o naturismo, es un método curativo que utiliza múltiples medios naturales para permitir que el individuo adquiera un nivel máximo de salud. El sistema naturalista para curar enfermedades se basa en el uso de los recursos del medio ambiente para regular la dieta, la respiración, el ejercicio y los baños, y además saber emplear las fuerzas que eliminan todos los productos nocivos que se acumulan en el organismo, de manera que sea recuperada la vitalidad y se alcance un nivel de salud adecuado. A través de este trabajo se puede constatar que a medida que el hombre ha ido evolucionando, se han desarrollado las diferentes ramas de la medicina natural y tradicional (Medisan, 2014).

El coronavirus–2 del SARS (SARS-CoV-2) es un tipo de coronavirus descubierto y aislado por primera vez en diciembre de 2019 en Wuhan, China central, que es la causa de la pandemia actual denominada COVID–19. Los síntomas comunes de la enfermedad son fiebre, tos, mialgia o disnea. Destacan entre las complicaciones más graves el síndrome de distrés respiratorio agudo (SDRA), la lesión cardiaca y la sobreinfección secundaria. La fisiopatología de este virus continúa siendo desconocida. Múltiples estudios indican que los pacientes infectados por COVID–19 tienen altas concentraciones de interleucina (IL) 1 beta, interferón (IFN) gamma, proteína 10 inducible por IFN (IP) y proteína quimiotáctica monocitaria (MCP) 1. Se ha demostrado que los pacientes más graves tienen mayores concentraciones del factor estimulador de colonias de granulocitos (GCSF), IP–10, MCP–1, proteína inflamatoria de macrófagos (MIP) 1 A y factor de necrosis tumoral (TNF) alfa, lo que indica que la tormenta de citocinas podría determinar la gravedad de la enfermedad 2 (Irabien-Ortiz, 2020).

Justificación

Para Zita (2018), en la justificación del proyecto se está promocionando o vendiendo el impacto potencial de la investigación. Por lo tanto, la justificación debe necesariamente responder a posibilidades reales y con fundamento.

La justificación está vinculada con los antecedentes, porque explica y define en qué medida la investigación aportará a la comunidad científica y la sociedad, respondiendo a las siguientes interrogantes, ¿qué se va hacer?, ¿por qué se va hacer?, ¿para qué se va hacer?, ¿cómo se va a hacer?, ¿por qué es importante esta investigación?, ¿qué problema de la vida cotidiana resuelve esta investigación?, ¿qué repercusiones positivas o negativas existen al resolver el problema de investigación?

La justificación debe estar presente tanto en el diseño de la investigación cuantitativa como en la cualitativa, esto porque "es necesario justificar el estudio mediante la exposición de sus razones (el para qué y/o por qué del estudio)" (Hernández, Fernández y Baptista, 2010, p. 39).

Ejemplo:
Siguiendo con el ejemplo anterior se plantea la siguiente justificación:

La investigación que a continuación se describe tiene como finalidad analizar la contribución de la medicina natural como una alternativa para contrarrestar los efectos del Covid–19, debido a la situación actual, en la que se encuentra el planeta.

Durante las etapas iniciales de la pandemia y dados los pocos estudios publicados al respecto, se creía que este coronavirus causaba síntomas netamente respiratorios; sin embargo, a medida que el número de pacientes aumentó, se observó que la enfermedad cardiovascular tenía un papel fundamental en el desarrollo y pronóstico de la infección.

Por esta razón, se ve la necesidad de seguir investigando las causas y sus consecuencias, para ir encontrando la cura, no solo desde la ciencia sino también desde la praxis de la medicina natural, por esta razón se van a investigar experiencias cotidianas de las personas que han pasado por esta enfermedad.

Esta investigación ayudará a tener más precaución, no solo de la atención a la bioseguridad, sino también de los alimentos que consumimos; las frutas y las hortalizas son esenciales para llevar una dieta saludable. Lávelas como lo haría en cualquier circunstancia. Antes de tocarlas, lávese las manos con agua y jabón. Después, lave las frutas y las hortalizas a fondo con agua potable, sobre todo si las come crudas, si se analiza desde la perspectiva de la población se están educando desde la vida cotidiana y se toma conciencia de la realidad existente.

La Red de Información de la OMS sobre Epidemias permite estar atentos a las investigaciones: Aunque las investigaciones iniciales apuntan a que el virus puede estar presente en algunos casos en las heces, hasta la fecha no se ha notificado ningún caso de transmisión por vía fecal-oral del virus del COVID–19. Además, hasta ahora no hay pruebas de que el virus del COVID–19 sobreviva en el agua, incluidas las aguas residuales. La OMS está estudiando las investigaciones en curso sobre las formas de propagación del COVID-19 y seguirá informando de las novedades acerca de esta cuestión.

1.6.3. Diseño

Todo diseño es una estructura organizacional, desde el punto de vista investigativo es un plan que permite dar respuesta a toda interrogante que se plantee en el proceso investigativo.

Para Vallejo (2002), los diseños se emplean cuando existe suficiente información de la situación en estudio, lo cual permite probar hipótesis de la asociación entre un factor de riesgo específico y una enfermedad. Incluyen un grupo de comparación, y permiten probar la secuencia temporal entre la exposición y el padecimiento, y también hacen posible calcular la tasa de enfermedad entre los expuestos y no expuestos y determinar por tanto si la exposición a un factor de riesgo condiciona un aumento del riesgo de enfermar o protege contra ésta. Los dos tipos de diseños analíticos son los estudios de caso y controles y los de cohorte.

1.6.4. Diseño teórico

El diseño teórico permite orientar el problema a investigar para mantener la objetividad y establecer de manera gradual los pasos del problema, las variables e hipótesis que se desean demostrar.

Desde la óptica de Díaz (2016) el investigador define y delimita, según su criterio y de acuerdo con su marco teórico, algunos conceptos involucrados en las variables de investigación, marco teórico es la descripción de los elementos teóricos planteados por uno o por diferentes autores y que permiten al investigador fundamentar su proceso de conocimiento, marco de referencia la investigación que se realiza debe tomar en cuenta el conocimiento previamente construido, pues forma parte de una estructura teórica ya existente.

Planteamiento del Problema

El planteamiento de un problema en el proceso investigativo es llegar a responder a una realidad planteada, la cual debe ser sometida para verificar el objeto y el sujeto a investigar de manera rigurosa y sistemática.

El problema de investigación es, de alguna manera, una pregunta bien formulada que en sí misma contiene un conocimiento acumulado e identifica de manera precisa un foco de la realidad sobre el que se quiere centrar el pensamiento y las capacidades cognitivas y sensibles requeridas para la producción de conocimiento científico. "Plantear un problema consiste en elegir una manera de abordar un tema de investigación, en adoptar y delimitar una perspectiva a partir de la cual uno pueda acercarse y comprender un tema de estudio" (Létourneau, 2007, p.189).

Ejemplos:

Antes del planteamiento del problema y formularlo, es necesario tener presente los siguientes elementos, para no caer en ambigüedades.

Es importante que sea:

Claro, preciso, demostrar relevancia y contextualizar el entorno del tema a investigar, es de vital importancia ir desde lo macro a micro, susceptible de solucionar el problema escogido, delimitándose a un tamaño y fijación de las metas alcanzable y debe formularse en forma de pregunta.

Es importante tener presente que tanto el planteamiento de un problema y la formulación de la pregunta, aunque estén relacionados, no son lo mismo.

Planteamiento

Los restaurantes de Briceño comienzan a funcionar en el año 2000, siendo los primeros en el mercado turístico gastronómico de comida tradicional.

En los últimos meses, los restaurantes han tenido muy bajas las ventas, debido a la pandemia y la poca afluencia de turistas a nivel local, provincial y nacional, lo que se ve reflejado en las ventas, más aún cuando el GOE aplica restricción en los feriados para salvaguardar a las familias del contagio del Covid–19, la cual ocasiona fuerte impacto en la afluencia turística.

Ante esta realidad, los restaurantes de Briceño tratan de buscar nuevas estrategias, como sacar por las redes sociales las medidas de seguridad como alternativa para el no contagio, acercando a las familias diversos platos típicos para poder vender a los turistas locales, lograr vender a familias no solo de Briceño, sino de San Vicente, sin embargo, la situación de hoy en día de los restaurantes no tiene un crecimiento en ventas, porque no hay afluencia de turistas en los días de feriados.

Formulación del problema

No se debe de olvidar que el formular el problema, permite delimitar el campo de estudio, por esta razón no se debe olvidar que la realidad es el factor preponderante. Para que el planteamiento del problema sea viable, debe dar respuesta a interrogantes, como por ejemplo:

¿Qué estrategias se pueden aplicar para impulsar la venta de platos típicos y que ésta logre posicionar en el mercado la gastronomía manabita a los turistas?

ACTIVIDAD

Con las siguientes temáticas, plantee el tema y formule el problema:

- Marketing experiencial y marketing generacional.
- Lugares arqueológicos y turísticos de San Vicente.
- Lugares arqueológicos y turísticos de Bahía de Caráquez.
- El Covid–19 y la cura con medicina natural.
- Las clases asincrónicas y sincrónicas, nueva forma de estudiar.

Objetivos

Para Hernández, Fernández y Baptista (2004), los objetivos son enunciados que pretenden en la investigación ser las guías del estudio y durante todo su desarrollo deben tenerse presentes. Se plantea que los objetivos de investigación son centrales en el proceso de investigación, pues estos surgen de establecer las metas que se quieren lograr.

Los objetivos de investigación son claros y precisos que dan respuesta a la naturaleza de la investigación. Por esta razón es necesario tener en cuenta la manera de redactar los objetivos.

Hay varios tipos de objetivos, se trabajarán los objetivos generales y específicos, y la manera de estructurarlos, como tipos y manera de redactar; es decir, todo objetivo debe estar redactado en verbos infinitivos (terminación *ar, er, ir*). Ya sean generales o específicos, los objetivos deben responder a resultados específicos, viables, alcanzables, deben ser productos de la acción del investigador, no hay números establecidos, van a depender del grado de la investigación.

- **Objetivos Generales**, son aquellos que se encargan de dar respuesta a los alcances de la investigación de manera amplia.

- **Objetivos Específicos**, son aquellos que se desprenden del objetivo general, que dan respuestas específicas que se encuentran en el objetivo general.

No se debe olvidar que los objetivos deben indicar el grado de complejidad del objetivo, desde el proceso o unidades de estudio y la temporalidad.

Al hablar de objetivos, es imprescindible mencionar la taxonomía de Bloom. A pesar de que data de 1956, aún continúa vigente, ya que explica claramente, mediante una clasificación las habilidades y conocimientos, qué debe haber adquirido un estudiante después de recorrer proceso de aprendizaje.

Esta taxonomía posee una estructura jerárquica que va desde la más simple hasta la más compleja, e incluye tres dominios: afectivo, cognitivo y psicomotor.

- El dominio *cognitivo*: Se enfoca en cómo se procesa la información, así como en el conocimiento y las habilidades mentales.

- El dominio *afectivo*: Se basa en las actitudes y sentimientos.

- El dominio *psicomotor*: Se centra en las habilidades manuales o físicas.

Para diseñar correctamente un objetivo, tiene que saber identificar:

- ¿Qué se quiere lograr?

- ¿Cómo se quiere lograr?

- ¿Para qué se va a hacer?

Es decir, los objetivos siempre se diseñan pensando en responder a las preguntas ¿Qué? ¿Cómo? ¿Para qué?, utilizando verbos que se pueden aplicar para redactar trabajos de investigación.

VERBOS UTILIZADOS PARA REDACTAR
OBJETIVOS GENERALES:

Analizar, formular, producir, calcular, discriminar, fundamentar, proponer, categorizar, diseñar, generar, comparar, identificar, evaluar, redactar, conocer, enumerar, inferir, replicar, contrastar, establecer, reproducir, crear, eludir, oponer, revelar, definir, explicar, orientar, situar, demostrar, examinar, exponer, tasar, probar, fomentar, describir mostrar, planear, desarrollar.

Advertir, deducir, enunciar, mencionar, definir, mostrar, basar, explicar, especificar, calcular, estimar, organizar determinar, examinar, categorizar, identificar, seleccionar, separar, resumir, establecer, justificar, suprimir, sintetizar, interpretar, distinguir, considerar, resaltar, enumerar, operacionalizar, registrar, designar, explicar, relacionar, comparar, descomponer, fraccionar, componer, discutir, seleccionar, discriminar, sugerir.

Ejemplo:

Título de la investigación:	Efectos de las prácticas de las tradiciones culturales manabitas en el aporte a la cultura montubia, Caso San Isidro.
Objetivo General:	Analizar los efectos de las prácticas de las tradiciones culturales manabitas en el aporte a la cultura montubia, Caso San Isidro.
Objetivos específicos: (facilitan el logro del objetivo general)	• Reconocer los efectos de las prácticas de las tradiciones culturales manabitas en el aporte a la cultura montubia en las celebraciones religiosas y gastronomía. • Determinar las prácticas de la cultura montubia en las fiestas populares. • Identificar los factores que afectan a la cultura montubia en la práctica de culturas foráneas. • Proponer un modelo educativo popular a través de la danza, gastronomía y manifestaciones populares en las fiestas de cada comunidad. • Testear el modelo anterior con la práctica tradicional que vive hoy la comunidad.

Tabla 9. Desarrolle los objetivos generales y específicos de cada tema

TEMA	OBJETIVO GENERAL	OBJETIVOS ESPECÍFICOS
La calidad de gestión en la atención de los clientes en los restaurantes de Briceño.		
Servicios de calidad para negocios de alimentos y bebidas en el cantón San Vicente.		
Las redes sociales llegan poco a las personas de bajos recursos.		
Análisis del producto gastronómico para mantener la identidad manabita.		
La bioseguridad como valor agregado en las estrategias de ventas.		
La marca personal como recurso para las microempresas.		

Hipótesis

Las Hipótesis son enunciados, conjeturas, tentativas, explicaciones del por qué y el para qué, por eso es importante antes de plantear una hipótesis, tomar en cuenta las variables y el objetivo planteado para realizar cualquier tipo de investigación.

Según Díaz y Luna (2014), la elaboración de la hipótesis es fundamental para el enriquecimiento de la teoría pedagógica, para el mejor conocimiento de las particularidades psicológicas y pedagógicas de los alumnos, de la formación y educación de la personalidad, del proceso docente educativo, del desarrollo de la enseñanza y el aprendizaje. Cada nueva hipótesis es un aporte a la teoría, a la ciencia. Es un paso de avance en el conocimiento de lo desconocido.

Van Dalen (1981) conduce a una definición en la que se establece que las hipótesis son posibles soluciones del problema que se expresan como generalizaciones o proposiciones.

Es de vital importancia tener presente que las hipótesis se formulan con base en hechos o conocimientos que constituyen el problema, y por ende dan respuesta a las explicaciones tentativas de solución de la realidad planteada.

Ejemplos:

- Al no usar las medidas de seguridad en aglomeraciones sociales, hay más peligro de contagio en las personas de la tercera edad.
- Los estudiantes con menos posibilidades de conectividad, son aquellos que se preocupan en enviar tareas puntuales.
- Las clases sincrónicas son más productivas que las asincrónicas.

Tabla 10. A partir de los siguientes temas, formule una hipótesis

TEMA	HIPÓTESIS
La niñez montubia depositaria de la identidad y esperanzas de un pueblo: San Isidro – Ecuador.	
Manabí profundo desvela su identidad y creencias culturales.	
Estudio del impacto de las redes sociales para la difusión de información – caso ULEAM Extensión Bahía de Caráquez.	
Definición del público objetivo en los medios de transportes para el desarrollo turístico del Cantón San Vicente – Manabí.	

LAS VARIABLES

Para Núñez (2007), se denominan variables a los constructos, propiedades o características que adquieren diversos valores. Es un símbolo o una representación, por lo tanto, una abstracción que adquiere un valor no constante. Son elementos constitutivos de la estructura de la hipótesis, o sea del enunciado que establece su relación.

Las variables de investigación permiten medir propiedades de un objeto o fenómeno, que pueden adquirir diferentes valores o características y que se trasforman de acuerdo a las unidades observacionales. Se clasifican a partir de las características de la investigación, como pueden ser cualitativa, cuantitativa, independiente y dependiente.

- *Variables cualitativas.* Son aquellas que no se pueden medir de manera numérica, marcan características.

- *Variables cuantitativas.* Son las que manejan un orden numérico.

- *Variables independientes.* Son aquellas que no varían dentro de la investigación.

- *Variables dependientes.* Son aquellas que pueden ser modificadas y siempre va a depender de la variable independiente.

Tabla 11. Ejemplos:

TIPO	EJEMPLOS	
Cualitativa	-Color -Sexo -Identidad -Escolaridad -Nivel socioeconómico	-Rojo, verde, blanco. -Femenino, masculino. -Hombre, mujer. -Primario, secundario. -Nivel bajo, alto, mediano.

Cuantitativa	-Edad -Peso -Talla	-Rene tiene 20 años. -Pesa 100 kilos. -Mide 1.78 m.
Independiente	-Ingreso	-Carmen gana 200 dólares mensuales, por lo tanto:
Dependiente	-Consumo	-Carmen no puede comprar todos los meses zapatos.

ACTIVIDAD

Tabla 12. Ubique con una X en el siguiente cuadro el tipo de variable que tiene cada tema

TEMA	VARIABLE			
	CUALI-TATIVA	CUANTI-TATIVA	INDEPEN-DIENTE	DEPEN-DIENTE
Medicinas adquiridas				
Covid–19 en el cuerpo				
Demanda de carros				
Oferta de productos				
Jorge se pintó el cabello de color rojo				
Esther es una excelente arquitecta				
Eduarda es mestiza				
Los estudiantes de la universidad Eloy Alfaro de Manabí tienen una talla de 1.60 m				

Esteban vendió a su hermano 3 perros				
En la fiesta de carnaval llegaron 200 turistas				
Los estudiantes muchas veces se quejan de la mala conectividad				

1.6.5. Diseño

Conjunto de técnicas, métodos utilizados de manera sistemática por todo investigador para dar respuesta de forma operante y eficiente al problema planteado.

Vallejo, M. (2002) dice que el diseño de investigación es el marco con el que un investigador planifica su investigación. Incluye el tipo de investigación, su objetivo, técnicas, población, análisis de datos y el procedimiento para realizar el estudio de manera eficiente.

1.6.6. Diseño metodológico

Se caracteriza el lugar donde se realiza la investigación, es el proceso por el cual se verifica y se valida la información, para que ésta sea objetiva y creíble en el momento que se presenten los resultados.

Según Besse (1999), el "diseño de investigación se define como el plan global de investigación que intenta dar de una manera clara y no ambigua respuestas a las preguntas planteadas en la misma".

Métodos, técnicas, población, muestra, objeto, campo

Matos, Montoya y Fuentes (2007), permiten revelar las relaciones esenciales del objeto de investigación, no observables directamente. Participan en la etapa de asimilación de hechos, fenómenos y procesos y en la construcción del modelo e hipótesis de investigación.

Los autores enfatizan que en la aplicación de cualquier método se debe tener claro el objeto de estudio; es decir, las realidades existentes en que se desarrolla la investigación, dando respuesta a los diversos acontecimientos en que está involucrado el problema investigativo, el mismo que servirá de plataforma para aplicar el instrumento adecuado. Por esta razón se debe tener claro que es el objeto de investigación con el problema de investigación, el objeto es el medio donde el problema coexiste y se desenvuelve, el problema está incluido en el objeto de estudio, es por esta razón que se debe tener claro cómo se desarrolla el proceso donde se encuentra, para replantearse las hipótesis que van a ubicar la problemática planteada.

Los métodos y técnicas son elementos importantes dentro de un proceso investigativo. Los métodos son el camino para llegar al fin investigativo y las técnicas son procedimientos o recursos para lograr un resultado.

Los diferentes tipos de métodos se utilizan según las características de la investigación. Se analizarán algunos de ellos.

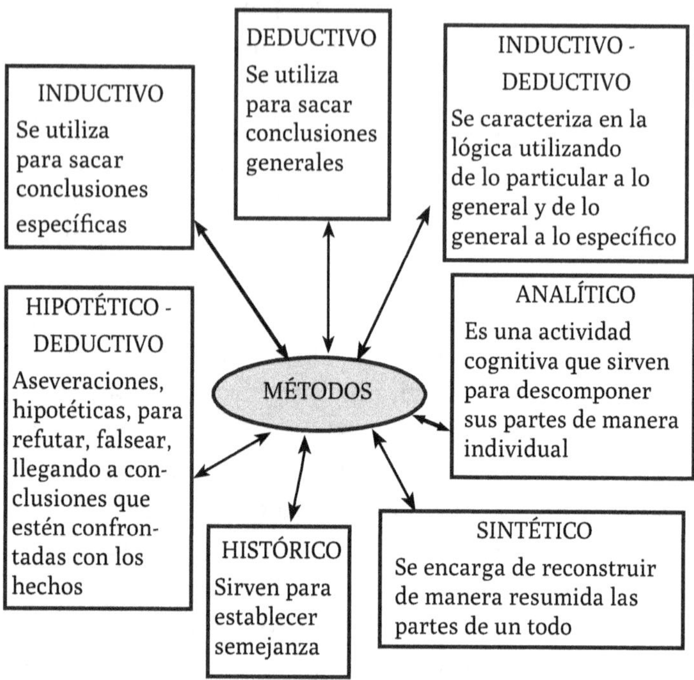

TÉCNICAS

Grosser y Neumaier (1986:15) definieron a la técnica como "la realización del movimiento ideal al que se aspira, es decir, el método para realizar la acción motriz óptima por parte del deportista".

La técnica es un conjunto de herramientas que permiten desarrollar destrezas y habilidades para recoger información de acuerdo con los procesos y las categorías planteadas, como pueden ser:

Figura 4. Categorías de las técnicas

DOCUMENTALES	CAMPO	EXPERIMENTALES
Recopilar investigaciones previas, libros, documentales, añadiendo al conocimiento existente.	Se adquiere de la observación directa del sujeto de parte de la observación inmediata de la ciudadanía.	Se registran a partir del fenómeno natural patentado en el lugar de los hechos.

Dentro del proceso investigativo, se manejan algunos tipos de técnicas que van a depender del área del conocimiento investigado y de los procedimientos que se realicen en cada investigación, por lo que se pueden encontrar diversas técnicas, tales como:

Tabla 13. Tipos de técnicas

TIPOS DE TÉCNICAS			
ENTREVISTA	CUESTIONARIOS	OBSERVACIÓN	ENCUESTA
Son aquellas que permiten tener contacto directamente con el sujeto para verificar la verdad del problema planteado. Se utiliza en el área de las ciencias sociales.	Tiene mucha similitud a la entrevista, se formula una serie de preguntas que permiten medir varias variables de un problema.	Proceso por el cual se obtiene el resultado para confrontarlo a partir del método científico y así llegar al conocimiento.	Esta técnica permite adquirir información, a través de un cuestionario previamente elaborado y leído por la persona encuestada.

Es importante tener en cuenta que las técnicas descritas miden indicadores que son medidas a través de las actitudes de los participantes, por lo que debe utilizar varias escalas que luego se tabularán según el método.

53

Además, siempre deben ser positivas, para aplicar en diversas escalas, sean estas del 1 al 5, de esta manera se evidencian respuestas más objetivas, por ejemplo:

Plan curativo natural que permite que las familias alcancen una curación efectiva, desarrollando anticuerpos para no volverse a contagiar.

Muy de acuerdo .... (5)

De acuerdo .... (4)

Ni de acuerdo, ni en desacuerdo .... (3)

En desacuerdo .... (2)

Muy en desacuerdo .... (1)

POBLACIÓN

Desde el punto de vista de Pineda (1994), población es el conjunto de personas u objetos de los que se desea conocer algo en una investigación. "Este conjunto de elementos con determinada característica susceptible a ser investigada".

La población es importante dentro del proceso investigativo, porque permite estudiar a un colectivo de manera individual, determinando sus características dentro de un estudio estadístico.

MUESTRA

Para Pineda (1994), la muestra es un subconjunto o parte del universo o población en que se llevará a cabo la investigación. Hay procedimientos para obtener la cantidad de los componentes de la muestra, como fórmulas, lógica y otros que se revisarán más adelante. La muestra es una parte representativa de la población.

La muestra tiene varios componentes y se define de acuerdo a diferentes criterios, como dicen algunos autores:

Según Fisher, citado por Pineda et al, el tamaño de la muestra debe definirse partiendo de dos criterios:

1. De los recursos disponibles y de los requerimientos que tenga el análisis de la investigación. Por tanto, una recomendación es tomar la muestra mayor posible, mientras más grande y representativa sea la muestra, menor será el error de la muestra. (Cfr.:1994,112).

2. Otro aspecto a considerar es la lógica que tiene el investigador para seleccionar la muestra. Por ejemplo, si se tiene una población de 100 individuos, habrá que tomar por lo menos el 30% para no tener menos de 30 casos, que es lo mínimo recomendado para no caer en la categoría de muestra pequeña.

La fórmula es:

$$m = \frac{N}{(N-1)^x K\textasciicircum 2 + 1}$$

m = muestra

N = Población o universo

K = margen de error (puede ser 10%, 5%, 2%) para la fórmula, el porcentaje a usar debe ser expresado en decimales.

Tipos de muestreo:

Se dividen en dos grupos, el probabilístico y el no probabilístico.

Muestreo probabilístico aleatorio, es el que se toma al azar dentro de una población.

Muestreo no probabilístico, es la que se escoge dependiendo del tipo de investigación, como económica o social.

Ejemplo:

- Población: 650 estudiantes, 22 administrativas y 45 profesores.
- Muestra: 324 estudiantes.

ACTIVIDAD

Tabla 14. Ubique en el siguiente cuadro la población y muestra de cada tema

TEMA	POBLACIÓN	MUESTRA
La medicina natural para contrarrestar los síntomas y efectos del covid-19.		
Gastronomía tradicional, elaborada con productos tradicionales.		
Proceso de bioseguridad, higiene y desinfección en casa.		
Una buena salud a partir de los nutrientes sanos.		
La marca personal como recurso para las microempresas.		
Las redes sociales influyen en la formación de los jóvenes.		

TEMA	POBLACIÓN	MUESTRA
La bioseguridad como valor agregado en las estrategias de ventas.		
Análisis de la medicina natural para neutralizar los síntomas del Covid.		
La vivencia de una buena salud a través de la alimentación sana.		
Análisis de una gastronomía tradicional a través de la bioseguridad e higiene.		

BIBLIOGRAFÍA

Para Sandra Gisela Martín (2014), la revisión bibliográfica constituye una etapa esencial en el desarrollo de un trabajo científico y académico. Implica consultar distintas fuentes de información (catálogos, bases de datos, buscadores, repositorios, etc.) y recuperar documentos en distintos formatos. Este proceso también es conocido como "búsqueda documental", "revisión de antecedentes" o "investigación bibliográfica o documental". Para José Martínez de Sousa, la investigación bibliográfica es considerada como la búsqueda sistemática y exhaustiva de material editado sobre una materia determinada.

Normas y estilos de citas bibliográficas
Existen distintas normas y estilos de citas bibliográficas internacionalmente reconocidas. Las normas son emanadas de organismos oficiales de normalización, y entre ellas podemos mencionar:

- ISO 690: 2010. *Documentation-Bibliographic References-Content, Form and Structure.*
- ANSI/NISO Z39.29-2005. *Bibliographic references.*
- IRAM 32053-1:1995. Documentación. Referencias bibliográficas. Contenido, forma y estructura.
- IRAM 32053-2:2001. Documentación. Referencias bibliográficas. Parte 2: documentos electrónicos o parte de ellos.

Los estilos son elaborados, por lo general, por asociaciones o instituciones reconocidas en determinadas áreas. Martínez de Sousa (1993) toma como sinónimo manual de estilo y libro de estilo (*style manual*) y lo define como: libro que contiene un conjunto de normas para la unificación de criterios en la redacción, corrección de estilo tipográfica, etc. Un manual de estilo incluye elementos tales como: puntuación, ortografía, uso de mayúsculas, cursivas, abreviaturas, citas textuales, encabezados, ilustraciones, tablas, notas al pie de página y referencias. Los estilos más difundidos en el ámbito académico son:

- *The Chicago Manual of Style* (2010)
- MLA *Modern Language Association of America* (2009)
- APA *American Psychological Association* (2010)
- APA *American Psychological Association* (2020)
- AMA *American Medical Association Style Manual* (2007)
- CIERM (ICMJE) *International Committee of Medical Journal Editors*, conocido como el estilo Vancouver (2010)
- CSE *Council of Science Editors* (2006)
- ACS *American Chemical Society* (2006)

La bibliografía es la descripción de los datos de un libro, revista, artículo o ponencia, que sirve para verificar, estudiar e investigar temas que se están diagnosticando, la misma que sirve como referencia de un texto, sin perder objetividad de lo investigado; punto de contrastes con otros autores. Por lo tanto, es un apoyo del sustento teórico de cualquier investigación.

1.6.7. *Diseño empírico*

Es un proceso observacional, que nace de la experiencia, por lo que es subjetivo, carece de método y no es verificable.

De allí pues que están frente a un replanteamiento de innovación en sus funciones, metas, objetivos y misión, debido a que los paradigmas educativos que prevalecieron durante los dos tres primeros tercios del siglo XX han perdido vigencia histórica, para dar paso a la sociedad del conocimiento, de la información y comunicación, que impone un aprendizaje permanente, orientado a formar un recurso humano con capacidad para construir su propio conocimiento (Colina*, 2007).

El desarrollo del conocimiento a través de la experiencia dirigida hacia lo útil y técnico, en la antigüedad clásica, empírico para los griegos como para los romanos, se refiere a médicos, arquitectos, artesanos en general, conseguían sus habilidades de la experiencia, en contraposición al conocimiento teórico, forjado como contemplación de la verdad (Damián Cabezas Mejía & Andrade Naranjo Johana Torres Santamaría, 2018).

CAPÍTULO II

2.1. El proceso de diagnóstico en la gestión empresarial - educativa

El presente capítulo tiene como objetivo mostrar la esencia, objetivos, tipos e importancia del proceso de diagnóstico; significando su relación con los restantes procesos de la gestión. También se realiza un análisis de las dificultades que más comúnmente afectan a la diagnosis y de las metodologías que más frecuentemente se utilizan para diagnosticar.

2.2 Diagnóstico: significado e importancia

Según Crosby (1996), el diagnóstico es el punto de partida de la mejora de la calidad, si no se lleva a cabo, no se pueden determinar las "enfermedades" de la organización y, por consiguiente, éstas no se solucionarían, se perderían clientes puesto que los productos o servicios que se ofertan no cumplen con las necesidades y especificaciones de los mismos.

Para Peters (1985), el diagnóstico es de suma importancia, ya que dice en dónde se está y qué se debe hacer para llegar a donde se quiere.

Por otra parte, Juran (1993) plantea que cuando existe algún problema, el punto de partida siempre es el mismo, el síntoma, la evidencia de que algo anda mal. Lo que la organización quiere es el remedio, una solución que permita solventar el fallo evidenciado por el síntoma. Sin embargo, normalmente no se puede conseguir el remedio hasta que primero no se descubra la causa. A este camino se le llamará "recorrido de diagnóstico", el cual es de vital importancia.

Por su parte, Valdez (1998) dice que el concepto *diagnóstico* se inscribe dentro de un proceso de gestión preventivo y estratégico. Se constituye como un medio de análisis que permite el cambio de una empresa, de un estado de incertidumbre a otro de conocimiento para su adecuada dirección, por otro lado, es un proceso de evaluación permanente de la empresa a través de indicadores que permiten medir los signos vitales.

La diagnosis está muy relacionada con la gestión, debiéndose desarrollar previo y durante la misma:

- **Previo a la gestión**. Antes de gestionar se debe precisar el estado actual, evaluando y analizando la brecha que existe hasta el estado deseado.

- **Durante la gestión.** La diagnosis se desarrollará a partir de la evaluación de los indicadores planificados y del análisis causal de las desviaciones detectadas. Un ejemplo típico de la integración del diagnóstico a la gestión de la calidad es el ciclo *Sherwart*, el cual explica la secuencia a seguir en los procesos de planificación, ejecución, control y actuación para alcanzar la mejora continua de la calidad.

Figura 5. Ciclos de mejora continua

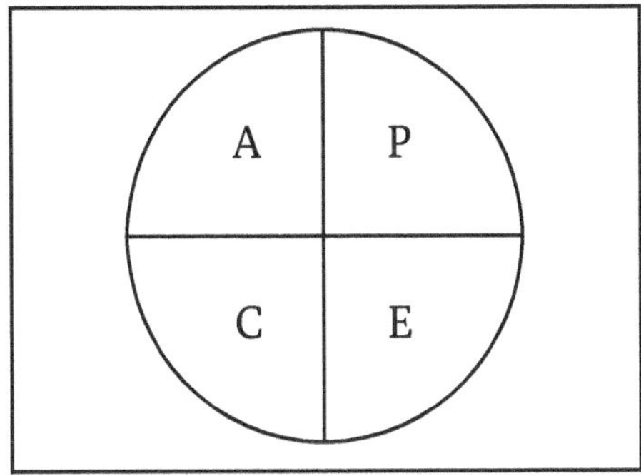

Figura 1.1: *Ciclo Sherwart* (Tomado de Labastida, 2017)

2.3 Objetivos esenciales del diagnóstico

El objetivo principal radica en cuantificar el estado de madurez actual de la organización con los estándares nacionales o internacionales que debería manejar la empresa, identificando de una manera rápida, precisa y concisa, las áreas potenciales de desarrollo en ella.

Evidentemente al desagregar toda una metodología con un grupo de herramientas en una organización, lo primero que se espera es obtener beneficios a corto o mediano plazo; sin embargo, al final del camino los beneficios se pueden generalizar para todo tipo de organización y para todo tipo de diagnóstico de la siguiente manera:

- Concienciación del estado actual de la empresa en un ambiente globalizado.
- Identificación de las áreas potenciales de desarrollo organizacional.
- Calificación comparativa de las diferentes áreas de la organización frente a empresas de alta categoría.
- Crear elementos de análisis para el desarrollo de planes futuros.

2.4 Importancia de la diagnosis

El diagnóstico constituye la primera etapa para la gestión y su uso sistemático e interrelación con la gestión, permitirá la evaluación de indicadores de resultado, su análisis mediante la medición de indicadores de proceso y la diagnosis de las causas de las desviaciones, facilitando la toma de acciones correctivas y preventivas. O sea, se mide un indicador, se compara contra lo planificado, esta evaluación se precisa mediante el análisis de indicadores de proceso y finalmente se diagnostica.

La propia naturaleza de la diagnosis y su significado específico definen su estrecha relación con el análisis y la evaluación, sin embargo, en muchas ocasiones se subestima este primordial proceso o se mediatiza mediante evaluaciones deficientes y carentes de análisis que limitan su alcance y efectividad, lo que afecta la toma de decisiones.

2.5 Tipos de diagnósticos

En una entidad se pueden desarrollar diferentes tipos de diagnósticos, desde general, parcial, técnico y estratégico, hasta el operativo. Por otra parte, según su ámbito geográfico, puede ser nacional, departamental, sectorial, industrial, distrital o empresarial.

A nivel empresarial puede abarcar:
- A toda la organización o empresa. Diagnóstico empresarial u organizacional.
- A un nivel de la organización o empresa. Diagnóstico: estratégico, táctico, operativo.
- A nivel de áreas, departamentos, procesos o sub procesos de determinado nivel. *Ejemplo*: diagnóstico logístico.

A nivel empresarial se recomienda realizar la diagnosis a nivel de sistemas o subsistemas. Ejemplos: subsistema logístico, subsistema de talento humano, subsistema productivo, etc. Esto permitirá concebir a la empresa como un gran sistema dependiente a su entorno y a su dinamismo, el cual afecta la estabilidad y efectividad del sistema.

2.6 Diagnóstico en empresas de servicio

Para el análisis y la diagnosis en las empresas de servicio, se pueden utilizar las herramientas básicas de diagnóstico, tanto cualitativas, como cuantitativas. En el caso del servicio, la diagnosis debe centrarse en los elementos del sistema de servicio; o sea en:

- **El cliente o beneficiario:** sujeto activo del servicio, brinda información acerca de su necesidad, expectativa o deseo. La calidad y precisión de la información son condiciones necesarias, aunque no suficientes de la calidad del servicio prestado, que además evalúa. Es por ello que la total satisfacción de las necesidades del cliente es el primer elemento en el sistema de servicio, este debe sentirse estimulado y motivado para solicitar el servicio que se vaya a prestar.
- **El soporte físico:** (elementos tangibles de la *servucción*). Lo constituye el soporte material necesario para la producción del servicio, como instalación constructiva, accesos, locales, mobiliario, infraestructura general y de equipamiento, tecnología, piezas componentes y accesorios, materiales útiles, herramientas, medios de protección, entre otros.
- **El personal:** son las personas empleadas por la empresa para brindar el servicio acorde a la información

del beneficiario, de acuerdo con sus conocimientos del proceso y las habilidades adquiridas. Este personal puede ser de contacto, de apoyo y de dirección. La atención personalizada al cliente es un punto de suma importancia en la servicio; el personal encargado debe ser idóneo y estar preparado para satisfacer a cabalidad las necesidades de los consumidores.

- **El servicio:** Es el resultado de la interacción de los tres elementos de base, que son el cliente, el soporte físico y el personal. Este resultado constituye un beneficio que debe satisfacer la necesidad del cliente. Es indispensable que se realice una estrategia interna en la cual se identifiquen todos los puntos a mejorar, comunicar todo lo que se va a hacer para que todos "halen" hacia el mismo lado, hacia la consecución del objetivo final.

Algunas herramientas que facilitan dichos procesos en las empresas son: el diagrama de tarjado, diagrama de posición, diagrama de marca, histograma de frecuencia, diagrama de Paretto, diagrama causa-efecto, diagrama de dispersión, gráfico de control y otras herramientas de la gestión de la calidad, como diagrama de afinidad, diagrama de relaciones, diagrama de matriz, diagrama de árbol, diagrama de proceso de decisiones y el diagrama de flechas como se enuncian a continuación:

2.7 Imitaciones que presentan las empresas en la actualidad para desarrollar la diagnosis de los problemas que afectan la satisfacción del cliente

- Tendencias a gestionar subvalorando la importancia del análisis y la diagnosis, a partir de criterios intrínsecos, poco objetivos y carentes de información relevante.

- Énfasis en la evaluación de indicadores de resultados, fundamentalmente económicos.
- Desconocimiento de las herramientas de diagnosis.
- No se integran los procesos de evaluación, análisis y diagnosis.
- Utilización de herramientas de forma aislada, carente de un procedimiento que sea consecuente con el proceso de diagnóstico.
- No se evalúan indicadores básicos para la gestión de la calidad como: satisfacción del cliente, nivel de calidad, quejas, satisfacción del cliente interno, costos de calidad, clientes perdidos, entre otros.
- Existe tendencia al uso de métodos pasivos de evaluación que se basan en la voluntariedad del cliente de expresar su opinión (encuestas a clientes y el análisis de las quejas).
- Enfoques reactivos, se evalúa el resultado para reaccionar, el análisis es limitado e intemporal (resumen quincenal o mensual de encuestas o de quejas) y en muchos casos se subestima la diagnosis. Otras empresas basan su gestión únicamente en el análisis de quejas y reclamaciones, lo cual no es recomendable, conduce a enfoques pasivos y reactivos y pueden brindar una falsa impresión de satisfacción.
- Los registros de quejas y reclamaciones son deficientes: no están siempre disponibles para los clientes (lugar, idioma, tipo de registro, etc.) y dificultan el análisis y la gestión de las quejas. Esto ocurre en casi la totalidad de las empresas.
- Se utilizan métodos de evaluación y análisis deficientes como: las encuestas de percepción no fiables, ni válidas; que también pueden brindar una falsa impresión de satisfacción y conducir a decisiones erradas.

- Uso del muestreo arbitrario y de procedimientos de muestreo inadecuados, lo que afecta la representatividad de la muestra y la eficacia de la medición.
- La aplicación de forma aislada e indistinta de diversos modelos de evaluación de la calidad, que en su mayoría se limitan a mesurar la satisfacción del cliente, sin realizar el análisis, ni la diagnosis de los problemas que percibe el cliente, no apropiados para medir integralmente la calidad percibida.

Si a estas insuficiencias se le añade: la falta de estándares de proceso, los problemas con el diseño del ciclo de servicio, el pobre aseguramiento de los momentos de la verdad y la dificultad para planificar la calidad; la gestión de la satisfacción del cliente resulta casi imposible. La necesaria retroalimentación para la gestión falla, es lenta e insuficiente, la acción se centra en efectos (negativos evidentes) y no en las causas que los provocan, lo que propicia la incertidumbre y afecta la toma de decisiones.

2.8 Diagnóstico educativo

Marí Mollá, (2001), considera el diagnóstico educativo como "un proceso de indagación científica, apoyado en una base epistemológica y cuyo objeto lo constituye la totalidad de los sujetos (individuos o grupos) o entidades (instituciones, organizaciones, programas, contexto familiar, socio-ambiental, etc.), considerados desde su complejidad y abarcando la globalidad de su situación, e incluye necesariamente en su proceso metodológico una intervención educativa de tipo perfectiva".

Buisán y Marín (2001) le conceptúan como "un proceso que trata de describir, clasificar, predecir y explicar el comportamiento de un sujeto dentro del marco escolar. Incluyen un conjunto de actividades de medición y evaluación de un sujeto (o grupo de sujetos) o de una institución con el fin de dar una orientación".

Ambos autores concuerdan que todo diagnóstico educativo es un proceso donde se involucra a los autores principales de la investigación, dentro del escenario socio cultural, económico y social. Es estos escenarios se estudiarán los procesos de aprendizaje, estilos que permitirán organizar y optimizar esfuerzos en toda programación. Un adecuado diagnóstico permite establecer con claridad las diferencias entre las expectativas de ingreso en relación con el proyecto pedagógico y el contexto en que se ubica el centro de formación, así como el nivel de logros reales obtenidos por los estudiantes y al mismo tiempo, contribuye a mejorar la calidad de la educación, formando los nuevos ciudadanos de la sociedad del conocimiento.

Es importante tener en consideración que todo diagnóstico tiene varios momentos para poder definir cualquier tipo de estudio o planificación técnica de una institución:

Figura. 6 Procesos de diagnósticos

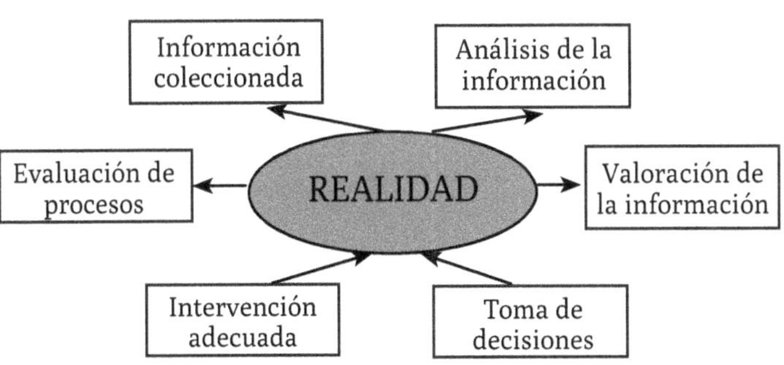

Fuente: Elaboración propia

Desde esta perspectiva de análisis a partir del diagnóstico, se deben trabajar indicadores que permitan mejorar la calidad educativa en todos los niveles educativos. Al docente le corresponde tener en cuenta qué enseña, a quién enseña y cómo enseña, para una correcta aplicación: es decir, el diagnóstico debe ser referente para toda planificación educativa. Cabe indicar que existen varios tipos de diagnóstico educativo, que están en función a la problemática planteada, coexisten principalmente cinco tipos: individual, global-general, analítico, grupal y específico.

Ejemplos:

PLANIFICACIÓN:
Se plantea qué tipo de diagnóstico se va a realizar junto con la temática a investigar.

La deserción escolar de los niños
en las clases sincrónicas.

ANÁLISIS:
El profesor debe de observar en todos sus estudiantes, su participación en clase a través de la conexión, teniendo la hipótesis de que se conectan poco para estudiar por no tener internet fijo. Para este problema se debe hacer un diagnóstico a través de una encuesta, preguntando quién tiene o no internet.

EXPLORACIÓN:
Una vez elegida y aplicada la encuesta, el profesor les pasará los resultados a otros maestros, realizando varias de estas para contrastar los resultados entre sí.

De esta manera, se buscarán estrategias para que los que no tienen acceso a internet puedan mejorar su aprendizaje.

SOLUCIONES:

Para paliar los efectos de los recién descubiertos problemas del estudiante, el profesor propone incluirle en el plan de apoyo educativo.

Se espera que, al tener una atención más personalizada por parte del equipo de integración, el estudiante conseguirá mejorar sus resultados escolares.

La eficacia de esta solución deberá ser comprobada al cabo de unos meses, con el objetivo de modificarla si se ve que no ha dado resultado en favor de la institución: mejora el aprendizaje y los profesores trabajan en equipo.

ACTIVIDAD

Tabla 15. Realizar un diagnóstico de las siguientes problemáticas, según el tipo de diagnóstico investigar:

PROBLEMÁTICA	TIPO DE DIAGNÓSTICO	DIAGNÓSTICO
Deserción escolar		
Bar Marinero en crisis de cierre		
Escuela Simón Bolívar la cierra por falta de estudiantes		
Cierre de los hoteles de Bahía		
Los pequeños comercios de San Vicente entran en crisis		
Las empresas camaroneras despiden al 30% de los empleados		
Los comedores populares están en crisis de ventas		

CAPÍTULO III

3.1. Métodos cualitativos

El objetivo del presente capítulo es demostrar la importancia de las herramientas cualitativas para la realización de un diagnóstico efectivo y para la investigación en general, mostrando las herramientas más utilizadas, sus posibles usos y los procedimientos para aplicación.

De acuerdo con Rodríguez Gómez G. (1996), los principales Métodos Cualitativos son:

Tabla 16. Métodos cualitativos

Tipos de Cuestiones de investigación	Método	Fuentes	Técnicas / Instrumentos de recolección de información	Otras fuentes de datos	Principales referencias
Cuestiones de significado: explicitar la esencia de las experiencias de los actores	Fenomenología	Filosofía (Fenomenología)	Grabación de conversaciones, escribir anécdotas de experiencias personales	Literatura fenomenológica, reflexiones filosóficas, poesía, arte	Heshusius 1986; Mélich 1994; van Manen 1984, 1990.
Cuestiones descriptivo / interpretativas: valores, ideas, prácticas de los grupos culturales	Etnografía	Antropología (cultura)	Entrevista no estructurada; observación participante; notas de campo	Documentos, registros, fotografía, mapas, genealogías, diagramas de redes sociales.	Erickson 1975; Mehan 1978; 1980; García Jiménez 1991; Fetterman 1989; Grant y Fine 1992; Hammersley y Atkinson 1992; Spradley 1979

Tipos de Cuestiones de investigación	Método	Fuentes	Técnicas / Instrumentos de recolección de información	Otras fuentes de datos	Principales referencias
Cuestiones de proceso: experiencia a lo largo del tiempo o el cambio, puede tener etapas y fases	Teoría Fundamentada	Sociología (interaccionismo simbólico)	Entrevistas (registradas en cinta)	Observación participante; memorias; diarios	Glaser 1978; 1992; Glasear y Strauus 1967; Strauus, 1987; Strauus y Corbin 1990.
Cuestiones centradas en la interacción verbal y el diálogo	Etnometodología; análisis del discurso	Semiótica	Diálogo (registro en audio y video)	Observación; notas de campo	Atkinson 1992; Benson y Hughes 1983; Cicoourel et. al., 1974; Coulon, 1995, Denzin 1970, 1989 ; Heritage 1984; Rogers 1983
Cuestiones de mejora y cambio social	Investigación – Acción	Teoría Crítica	Miscelánea	Varios	Kemmis 1988; Elliot 1991.
Cuestiones subjetivas	Biografía	Antropología; Sociología	Entrevista	Documentos, registros, diarios	Goodson 1985; 1992; Zabalza 1991.

"En la primera columna del cuadro se han situado las cuestiones que orientan la investigación, a continuación, el método más adecuado para enfrentarse al tipo de interrogante planteado, la disciplina de procedencia del método, las técnicas de recolección de información que se utilizan por lo general desde ese enfoque metodológico, otras fuentes de datos y, por último, algunos autores relevantes que han trabajado desde cada opción metodológica" (Rodríguez Gómez y otros, 1996:39-41).

Tabla 17. Las técnicas más utilizadas en el método cualitativo son:

TÉCNICA	CONCEPTUALIZACIÓN	AUTOR	EJEMPLO
Análisis del discurso	Es una técnica que estudia sistemáticamente el discurso de cualquier índole sea político, económico, social, es interdisciplinaria. AD como una herramienta de análisis cualitativo. Podemos analizar las representaciones discursivas puestas en circulación por cada medio, centrando la atención en categorías tales como la justificación del conflicto, la descripción de los hechos, la caracterización de los actores sociales involucrados, el tono del relato, la importancia otorgada a los aspectos ecológicos, económicos y culturales del emprendimiento minero, la expresión de expectativas acerca de las consecuencias del conflicto a corto, a mediano y a largo plazo, la referencia al rol del gobierno y al del Estado. Tratamos de reconocer estas categorías en las crónicas publicadas por cada medio, atendiendo a los desplazamientos que pudieran ocurrir durante el desarrollo de la serie.	Sayago Sebastián (2014) *El análisis del discurso como técnica de investigación cualitativa y cuantitativa en las ciencias sociales versión* On-line ISSN 0717-55	Una publicidad de producto (retórico). Es aquel que tienen que convencer al público que compren un producto determinado como es, pasajes para un viaje arqueológico. ¡No te pierdas las nuevas ofertas en viajes a Pedernales en vacaciones para conocer los parajes arqueológicos que hay en Rancho BRAVO" EN EL SITIO ATAHUALPA DEL CANTÓN PEDERNALES! ¡La mejor calidad, al mejor precio, sólo en nuestras agencias locales San Vicente!

TÉCNICA	CONCEPTUA-LIZACIÓN	AUTOR	EJEMPLO
Entrevista abierta	Es aquella que permite al entrevistado posibilidades de expresar con libertad sus opiniones. También están las entrevistas semiestructuradas, de mayor flexibilidad pues empiezan con una pregunta que se puede adaptar a las respuestas de los entrevistados. Por su parte, las entrevistas abiertas o no estructuradas se adaptan más a condicionantes de la conversación investigativa. Esto último puede conllevar preguntas que no siempre responden a los objetivos de estudio, lo cual exige más experiencia técnica por parte del entrevistador.	Bernardo Robles *La entrevista en profundidad: una técnica útil dentro del campo antropofísico.* Cuicuilco versión impresa ISSN 0185-1659 Cuicuilco vol.18 no.52 México sep./dic. 2011.	Entrevista telefónica En muchas ocasiones el inicio de un proceso de entrevistas comienza con una llamada telefónica a la persona que se necesita contactar. Debido a que el entrevistador tiene un plan claro con respecto al enfoque y objetivo que persigue, utilizará esta entrevista abierta para obtener una visión general de la persona.
Evaluación	Es una técnica que permite registrar cualquier tipo de información. contribuir y fomentar la investigación, innovación y competitividad en evaluación promoviendo la cultura de calidad y excelencia; liderando y participando en proyectos innovadores, coherentes y útiles; favoreciendo el progreso y la mejora mediante la utilización de metodologías de investigación avanzadas;	EVALfor (2013, 23 de marzo), EVALfor: evaluación en contextos formativos. Misión, visión y líneas de investigación" (web log post), en: http://www.uca.es/grupos-inv/sej509/misionvision (consulta: 22 de noviembre de 2014).	Medir el aprendizaje Exámenes para 2do de mercadotécnica

TÉCNICA	CONCEPTUA-LIZACIÓN	AUTOR	EJEMPLO
	generando conocimiento y creando valor; creando y potenciando redes de investigadores y evaluadores; aplicando, transfiriendo y difundiendo los conocimientos y resultados generados en la sociedad. La evolución es uno de los elementos de vital importancia, para el seguimiento de todo trabajo que se desea recoger y potenciar el crecimiento, sea este cualitativo o cuantitativo, por esta razón, esta técnica a es indispensable en el momento que marca un antes y un después. para evaluar crecimiento y tomar decisiones que te lleven a una evaluación continua de toda investigación la misma que permitirá medir producción científica.		
Focus group	Es aquella dirigida a un público para medir actitudes, opiniones. Para Martínez-Miguelez (1999), el grupo focal "es un método de investigación colectivista, más que individualista, y se centra en la pluralidad y variedad de las actitudes, experiencias y creencias de los participantes, y lo hace en un espacio de tiempo relativamente corto.	Martínez M. *La investigación cualitativa etnográfica en educación*. México: Trillas; 1999	Técnica utilizada con un grupo de 8 personas que trabajan en recursos humanos del colegio Fanny de Baird. La temática es referente a los contagiados de Covid, cómo ayudarlos, se recolecta la información que se evidencie.

TÉCNICA	CONCEPTUA-LIZACIÓN	AUTOR	EJEMPLO
Grupo de Discusión (técnica de investigación)	Es una técnica grupal para recolectar información. Como instrumento cualitativo de recogida de datos, el grupo de discusión presenta numerosas ventajas: promueve la interacción grupal, ofrece información de primera mano, estimula la participación, posee un carácter flexible y abierto, y presenta una alta validez subjetiva. Asimismo, facilita y agiliza la obtención de información, y su coste es relativamente reducido.	SUÁREZ ORTEGA, M. (2005): *El grupo de discusión: una herramienta para la investigación cualitativa.* Barcelona, Laertes.	Tema. Actividades del proyecto de marketing experiencial.
Investigación-Acción Participativa	Esta técnica se caracteriza por participar en investigaciones macros, que se pueden aplicar a una población grande. Esta técnica brinda uno de los desafíos metodológicos en el proceso de sistematización de experiencias es la búsqueda y aplicación pertinente de técnicas que permitan articular las necesidades, el tema y los objetivos propuestos.	Pérez de M., T. (2016) Universidad Nacional Abierta. *Guía Didáctica para la Sistematización de Experiencias en Contextos Universitarios.* Ediciones del Vicerrectorado Académico. Primera edición.	Tema: Lugares arqueológicos de San Isidro. Proyecto: Rescate de la cultura montubia. Lugar: Comunidades de San Isidro. Tiempo: 2 años.

Tabla 19. De las temáticas que se describen a continuación, ¿qué tipo de métodos y técnicas cualitativas utilizaría para mejorar la investigación?

TEMÁTICA	MÉTODOS Y TÉCNICAS
Efectos de la medicina natural para contrarrestar los síntomas del covid-19.	
Mantener una alimentación sana, a través del consumo de alimentos nutritivos.	
Utilización de la gastronomía manabita con productos tradicionales para potenciar lo autóctono.	
Gastronomía tradicional, elaborada con productos tradicionales.	
La marca personal como recurso para las microempresas.	
Las redes sociales influyen en la formación de los jóvenes.	

CAPÍTULO IV

4.1. Métodos cuantitativos

Cook (1979) señala que existen dos métodos para la recopilación de datos: cualitativo y cuantitativo. La distinción más obvia que cabe establecer entre los dos es que los métodos cuantitativos producen datos numéricos y los cualitativos dan como resultado información o descripciones de situaciones, eventos, gente, acciones recíprocas y comportamientos observados, citas directas de la gente y extractos o pasajes enteros de documentos, correspondencia, registros y estudios de casos prácticos.

Si bien es cierto que la investigación cuantitativa es aquella donde se recogen y analizan datos cuantitativos, por su parte la cualitativa evita la cuantificación; sin embargo, los registros se realizan mediante la narración, la observación participante y las entrevistas no estructuradas que ayudan a enmarcar objetivamente los datos investigados.

Fernández (2002) indica que la investigación cualitativa trata de identificar la naturaleza profunda de las realidades, la relación y estructura dinámica, por otro lado, la investigación cuantitativa trata de determinar la fuerza de las asociaciones o correlación entre variables, la generalización y objetivación de los resultados a través de una muestra para ser inferencia en una población.

El método cuantitativo requiere de un conjunto de herramientas que permitan cuantificar datos de manera objetiva en todo el proceso de información en las que se requieren varias estrategias numéricas, una de las grandes características es que este método cuantitativo requiere de variables numéricas para definir el problema investigativo.

4.2 Tipos y técnicas

Desde el punto de vsita de Dalle, Boniolo, Sautu y Albert (2005), los principales métodos y técnicas de investigación y el análisis de datos obtenidos de fuentes secundarias son indispensables en todo proceso investigativo. En cuanto a las técnicas empleadas para la recolección de información y datos cuantitativos, las más reconocidas suelen ser el cuestionario, el análisis de contenido documental y la recopilación de datos existentes en fuentes secundarias diversas, como informes de investigaciones, censos y encuestas nacionales o publicaciones y registros de instituciones estatales y ministerios, entre otras (Ver Cuadro mentefacto).

Figura 7. Tipos de técnicas y Métodos

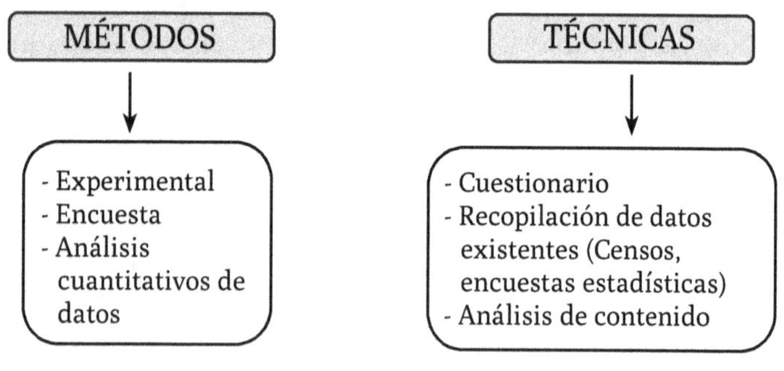

4.3 Principales herramientas

De una manera más específica, Gómez (2016) detalla el siguiente listado de técnicas de recolección de datos estadísticos:

Figura 8. Herramientas

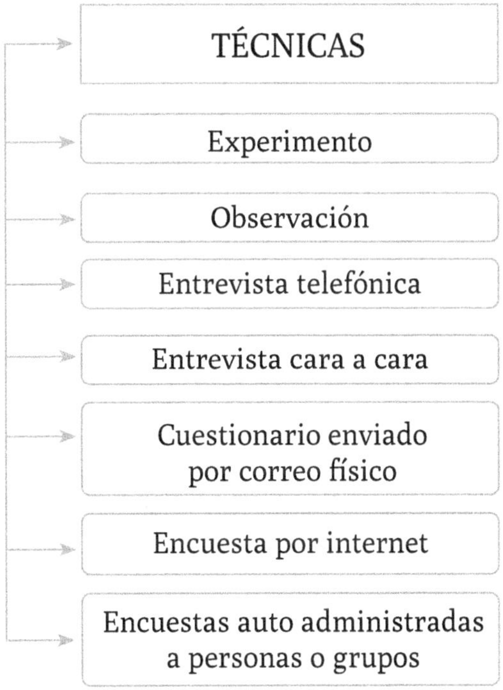

TÉCNICAS

Experimento

Observación

Entrevista telefónica

Entrevista cara a cara

Cuestionario enviado por correo físico

Encuesta por internet

Encuestas auto administradas a personas o grupos

El listado anterior es útil porque permite visualizar una variedad de opciones existentes para recoger información y datos estadísticos de primera mano, planteando, además, la distinción con respecto a métodos y técnicas correspondientes a la recopilación y análisis de datos provenientes de fuentes secundarias.

Para Salazar (2015), las herramientas se dividen en dos: cualitativas y cuantitativas. Una va ligada a la otra de cierta forma; las herramientas cuantitativas se encargan de analizar los números, y en contraparte las cualitativas van más allá del análisis numérico, buscan más la calidad de las cosas y que los datos sean verídicos, analizan los textos, las palabras y se puede hace por medio de videos, voz y sonido.

Uno de los objetivos principales de esta materia de herramientas cuantitativas es conocer los instrumentos y cosa interesante que ayuden buscar, pero sobre todo a aplicar las herramientas para la elaboración de un proyecto, en donde se identifique el problema desde la base, desde donde surge tal o cual problema en cuestión. Las herramientas cuantitativas son aquellas que nos permiten indagar de una manera más verídica o científica, o bien, como su nombre lo dice, de manera más numérica los datos implícitos en nuestro proyecto de investigación.

4.4. Fichas de trabajo

Un sondeo de opinión, por ejemplo, ante los nuevos contagios venideros, en el que se exprese el apoyo de los países asiáticos y europeos en términos de porcentaje y número de países potenciales. A partir de los resultados, podría extrapolarse una predicción de contagios respecto del resultado verdadero.

CAPÍTULO V

5.1. Producción científica desde la praxis y la realidad

Un grupo de maestros vio la necesidad de educar desde la praxis, integrando los procesos formativos desde la investigación, haciendo de ellos nuevos profesionales que les permitan dar razones de lo que aprenden. Desde esa óptica, a partir del 2013, la Universidad Laica "Eloy Alfaro de Manabí Extensión Bahía", integró la investigación como parte fundamental de la formación superior. A partir de ello se ha producido un gran fenómeno de productividad científica en la universidad, con la participación de estudiantes y profesores, cambiando el panorama de aprendizaje, marcando hitos en la producción científica, tanto local, provincial, nacional e internacional, dando énfasis en nuevas perspectivas investigativas para una gestión en la producción científica.

La investigación es un parámetro sustancial en la universidad, un elemento indispensable dentro de los tres procesos sustantivos de la gestión en educación superior. Este proceso ha tenido una importancia capital en la universidad del siglo XXI, debido a que se está desarrollando la era del conocimiento. Como se puede verificar, se evidencia que la jerarquía de las universidades de mayor reconocimiento a nivel mundial y regional está determinada por las que exhiben resultados significativos en la investigación y específicamente en la gestión de proyectos de investigación.

Para Nieves (2001), la gestión del cocimiento "Es el proceso constante de identificar, encontrar, clasificar, proyectar, presentar y usar de un modo más eficiente el conocimiento y la experiencia del negocio, acumulada en la organización, de forma que mejore el alcance del empleado para conseguir ventajas competitivas".

Por lo que gestionar no significa solamente adquirir el manejo de algunas técnicas. Quienes sólo hacen hincapié en las técnicas, para explicar la administración de las organizaciones, sin relacionar procesos para generar sistemas, pierden el enfoque holístico. La gestión ha evolucionado desde el énfasis en: la actividad, los procesos y ahora en la gestión de sistema. La decisiva influencia del entorno de las organizaciones y su mutabilidad, exigen un enfoque de sistema abierto que permita una interrelación constante con el exterior.

Según Steib (1999), la Gestión del Conocimiento se puede definir como un proceso sistemático de búsqueda, selección, organización y difusión de información, cuyo objeto es aportar a los profesionales de la compañía los conocimientos necesarios para desarrollar eficazmente su labor.

Se puede determinar que, de los elementos, es la clave del pensamiento sistémico, del mismo modo que el análisis y la separación de los elementos. Se entiende por enfoque sistémico: la identificación, comprensión y gestión de un sistema de procesos interrelacionados en aras de un objetivo dado que contribuye a la eficacia y eficiencia de la organización Norma.

Desde otro ángulo, un sistema es un conjunto de elementos interrelacionados que tienen un objetivo común

(Europa Patente nº Iso 9000n: 2015, 2015); por lo tanto, un sistema de gestión universitaria debe ser el conjunto de procesos y subsistemas que poseen objetivos comunes y que debe brindar salidas efectivas dentro del proceso de gestión.

La teoría general de sistemas y el enfoque sistémico se atribuyen al investigador Bertalanffy (1987), quien fue el primero en definir el término y precisar sus rasgos esenciales, realmente desde mucho antes se utiliza esta categoría en el campo filosófico, incluso se han conocido distintas clasificaciones y definiciones a lo largo de la historia. Después surgieron otras conceptualizaciones a medida que se fueron experimentando.

Fuentes (2004) lo fundamenta en tres premisas básicas: los sistemas existen dentro de sistemas, son abiertos y sus funciones se relacionan con su estructura. Dentro de las tendencias que se han generado a propósito, es posible identificar a los investigadores que profundizan, en mayor medida, en las estructuras y sus relaciones en los subsistemas y sistemas, es decir, los estructuralistas, y otros que hacen de las funciones los elementos fundamentales y los atienden con mayor centralización, estos son los funcionalistas.

Los sistemas son abiertos. Ésta es consecuencia de la premisa anterior. Cada sistema que se examine, excepto el menor o el mayor, recibe y descarga algo en los otros sistemas, generalmente en los contiguos. Los sistemas abiertos se caracterizan por un proceso de intercambio infinito con su ambiente, constituido por los demás sistemas. Las funciones de un sistema dependen de su estructura. También se pueden considerar otros principios como: sinergia, homeostasis, entropía, organicidad y recursividad, por ellos podemos entender que: *Sinergia* se entiende cuando la suma de las partes es más que el todo, es decir, cuando un objeto cumple con este principio o requisito decimos que posee o existe sinergia. *Homeostasis* es la posibilidad del sistema de mantenerse en equilibrio en cada una de sus partes.

Para Ranzinkov (1980), se puede entender por teoría general de los sistemas "una concepción científica especial y lógico-metodológica de investigación de los objetos que constituyen sistemas. La teoría general de los sistemas está estrechamente vinculada con el enfoque sistémico y es una concreción y expresión lógico-metodológica de sus principios y métodos".

En el sistema existe más de un modo para producir un determinado resultado, o sea, existe más de un método para consecución de un objetivo. El estado estable del sistema puede alcanzarse a partir de condiciones iniciales diferentes y a través de medios diferentes.

Existen otros principios que permite concebir un sistema como:

- El todo es mayor que la suma de sus partes.

- El todo determina la naturaleza de las partes.

- Las partes están dinámicamente interrelacionadas y además son independientes entre sí.

- El todo debe ser el principal foco del análisis, por lo que las partes deben recibir una atención secundaria.

- La integración es la variable más importante en el análisis de la totalidad. La integración se define como el grado de interrelación de las diversas partes que integran al todo.

- Las modificaciones posibles en cada parte deben ser ponderadas con relación a los efectos posibles en cada una de las otras partes.

- Cada parte tiene una función que desempeña a fin de que el todo pueda cumplir su propósito.

- La naturaleza de la parte y su cometido se determinan por su posición dentro del todo.

- Todo análisis empieza con la experiencia del todo. Las partes y las interrelaciones deben evolucionar para adaptarse mejor al propósito del todo.

A pesar de que en Ecuador se han gestionado en estos últimos tiempos procesos investigativos, aún quedan alcanzar niveles óptimos de gestión en el siglo XXI, lo que en este momento puede evidenciar que:

- Las universidades del país no aparecen en lugares significativos dentro del ranking de universidades de Sudamérica.

- En lo concerniente a las publicaciones en centros de educación superior, son muy inferiores a la media de la región.

- A pesar de las facilidades existentes, el número de proyectos de investigación elaborados y gestionados es muy pequeño.

- No se valora lo suficiente el elemento investigativo en el proceso de formación académica, incluso en la superación y evaluación de los docentes.

Frente a este antecede, hoy se evidencia como problema científico: "Los problemas que presenta el proceso de investigación están afectando la formación integral de los profesionales, el impacto social y la efectividad de la gestión universitaria en el Ecuador".

Desde esta perspectiva del problema definido, se plantea como objetivo general "Elaborar un procedimiento para implementar el enfoque sistémico en la gestión del proceso de investigación y elevar la efectividad de dicho proceso, en la Extensión".

Para dar cumplimiento al objetivo general definido, se establecen los siguientes objetivos específicos:

1. Formalizar una revisión bibliográfica que fundamente teóricamente la investigación.

2. Valorar la efectividad del proceso de investigación en la extensión.

3. Definir las falencias fundamentales que presenta el proceso de investigación como parte de la gestión de investigación en el Ecuador, precisando las que afectan a la ULEAM y la extensión Bahía.

4. Presentar acciones que minimicen las falencias diagnosticadas y que constituyan las premisas del procedimiento implementado.

Todo este proceso se ha recogido en los trabajos presentados en ponencias nacionales e internacionales, artículos de revistas, locales, nacionales, regionales y de alto impacto, como también libros, que recogen la participación de estudiantes y maestros. Esta gran dupla se evidencia en el desarrollo de los cinco proyectos que, a nivel de extensión, se han realizado y que tanto maestros como estudiantes han plasmado actividades de los siguientes proyectos como son:

Tabla 20. Programa investigativo

PROGRAMA Contribuir al desarrollo del turismo sostenible y del Marketing Experiencial en el destino turístico Sucre-San Vicente-Jama-Pedernales				
PROYECTOS	LÍDER	CO-LÍDER	INTEGRANTES PROFESORES	INTEGRANTES ESTUDIANTES
1. Contribución al desarrollo del turismo sostenible en el destino turístico Sucre-San Vicente Jama-Pedernales.	Navas Moscoso Mariela Fernanda, Mg.			5 año de turismo
		Pazmiño Chica Vicente Eduardo, Mg.		3. hospitalidad y hotelería
			1. Román Vélez Víctor Manuel, Mg. 2. Romero Zambrano Miguel Alberto, Mg. 3. Chica Cepeda Ricardo, Mg. 4. Patiño López María Carmen, Lcda. 5. Ferrín Delgado Estrella Gloria, Mg. 6. Macías Sera Raisa, Mg.	1 año de administración hotelera
2. Aplicación del Marketing Experiencial en la creación, promoción, difusión y posicionamiento post terremoto de la nueva imagen de los destinos Sucre - San Vicente - Jama - Pedernales.	Carbache Mora César Arturo, Mg	Villacís Zambrano Lilia Moncerrate, PhD-Herrera Bartolomé Carolina Jenny, Mg.	Iriarte Vera Edison Rafael, Mg. 2. Carvajal Zambrano Gema Viviana, Mg. 3. Almeida Lino Ericka Vanessa, Mg.	Primer año de mercadotecnia 6 año de mercadotecnia Primer año de marketing 2 año de marketing

PROGRAMA Contribuir al desarrollo del turismo sostenible y del Marketing Experiencial en el destino turístico Sucre-San Vicente-Jama-Pedernales				
3. Observatorio turístico para el control de la gestión del destino turístico Sucre-San Vicente-Jama-Pedernales.	Carvajal Zambrano Gema Viviana, Mg.	Almeida Lino Ericka Vanessa, Mg. Lemoine Quintero Frank Angel, Phd	1. Caicedo Coello Eduardo Antonio, Dr.C. 2. Zambrano Mero Javier Antonio, Mg. 3. Subía Veloz Roberto Carlos, Ing. 4. Zambrano Molina Luis Daniel, Mg.	9 año de marketing 1 y 2 do año de administración de empresas
4. Diseño de una ruta turística histórico arqueológico para el destino Costa Norte.	Meneses Pantoja William. Mg.	Chica Medranda Carlos Enrique, Mg.	Villacís Zambrano Lilia Moncerrate, PHD 2. De La Rosa Villao Arturo Santiago, Mg. 3.Vásconez Alvarado Luis Fernando, Lcdo. 4. Cedeño Falconí Oscar Fabián, Mg. 5. Leonardo Centeno José Macias Mgs.	1. Turismo 2. Hospitalidad y hotelería 4 de administración hotelera
5. Diagnóstico de la calidad de las playas que constitu-yen atractivos turísticos en los cantones Sucre - San Vicente – Jama- Pedernales.	Álvarez Ojeda Vladimir Mg.	Jácome Villacrés Leyla Vanessa, Mg.	Caicedo Coello Jimmy Alberto, Lcdo. Nevárez Bar-berán Víctor Hugo, Ing. Allam Sisalema	6 de hospitalidad y hotelería 6 de turismo

.

Todos estos proyectos descritos, hoy tienen una producción científica que ha sido integrada desde los procesos sustantivos, llevados a las jornadas científicas que se dan en la Universidad, Extensión Bahía y Matriz Manta, hasta el momento se llevan cinco jornadas científicas, mismas que contienen ponencias en las diversas memorias como son:

Ciencia y docencia. ISBN: 978-9942-775-15-3. Editorial: EDITORIAL MAR ABIERTO Departamento de Edición y Publicación Universitaria (DEPU)
www.marabierto.uleam.edu.ec (2017)

Y en el 2020, se dio la II Convención de ciencia, tecnología, innovación y desarrollo social sostenible de maestros y la V jornada estudiantil. ISBN: 978-9942-827-847.

Cabe recalcar que el libro de proyecto, donde se encuentran los cinco proyectos descritos, cuentan con propiedad intelectual dada por el SENADI-Ecuador y desde las áreas interdisciplinares tenemos "Conociendo al cantón sorprendente desde sus parajes turísticos San Vicente". Certificado N° GYE-011112. Trámite –N° OOO950-2019.

5.2 Ponencias

En lo referente a ponencias, nacionales e internacionales, se han producido más de trescientas intervenciones, teniendo una participación activa con estudiantes y maestros.

A nivel local, se han realizado cinco jornadas científicas, de las cuales cuatro se han publicado en memorias y una de ella se editó un libro, así como dos convenciones de maestros. Cabe señalar que las temáticas tratadas son actividades de los proyectos que se desarrollan en la universidad y que se trabajan con los estudiantes en las cátedras.

Tabla 21. Cuadro de Producción científica. Jornadas

JORNADAS	ISBN	LIBRO	MEMORIA
I. Investigando y formando profesionales.	9789942959-18-8 12-12-2014		X
II Jornada Ciencia y Docencia en la Universidad.	978-9942-775-15-3 2017- Marzo 2018 3		X
III Jornada 2018 investigando en la nueva sociedad del conocimiento.	978-9942-775-19-1 Julio 2018		X
IV Jornada científica construyendo el conocimiento desde el aseguramiento de la cultura de calidad.	978-9942-775-82-5 noviembre 2019	X	
V Jornada científica estudiantil.	978-9942-827-48-4		X
II Ciencia, tecnología, innovación y desarrollo social sostenible.	978-9942-827-48-7		

LIBROS

Además, hay libros que han salido de trabajos de titulación, de estudiantes que han trabajado desde las actividades de los proyectos. Los mismos que no se han quedado archivados en la biblioteca, sino que se han transformados en pequeños proyectos productivos y tesis doctorales que han retomado actividades de proyectos como son:

Tabla 22. Cuadro de producción científica libros

Título del libro	Link	Trabajo de titulación	Trabajos doctorales	Proyecto al cual pertenecen
"Ruta histórica arqueológica de la zona norte de Manabí"	http://142.93 .18.15:8080 /jspui/handle/ 123456789/605		X	Diseño de una ruta turística histórico arqueológico para el destino Costa Norte
Inocuidad gastronómica y sus efectos en la atención al turista del Cantón San Vicente	http://142.93 .18.15:8080 /jspui/handle /123456789/561	X		Diseño de una ruta turística histórico arqueológico para el destino Costa Norte
Servicios de calidad para gestionar la atención a los clientes	http://142.93 .18.15:8080 /jspui/handle /123456789/562	X		Diseño de una ruta turística histórico arqueológico para el destino Costa Norte
Comportamiento del consumidor turístico	http://142.93 .18.15:8080 /jspui/handle /123456789/448 ISBN 978-9942-33-219-6			Aplicación del Marketing Experiencial en la creación, promoción, difusión y posicionamiento post terremoto de la nueva imagen de los destinos Sucre-San Vicente-Jama-Pedernales

Título del libro	Link	Trabajo de titulación	Trabajos doctorales	Proyecto al cual pertenecen
Gestión del marketing turístico sostenible	https://twitter.com/EdicionesU-leam/status /12174970754 59526656/photo/1 ISBN: 978-9942-827-10-4			Observatorio turístico para el control de la gestión del destino turístico Sucre-San Vicente-Jama-Pedernales
Diseño de un plan de comunicación integral basado en un código de ética para grupos comunitarios	ISBN 123456789595 2020			Aplicación del Marketing Experiencial en la creación, promoción, difusión y posicionamiento post terremoto de la nueva imagen de los destinos Sucre-San Vicente-Jama-Pedernales
Plan de marketing para fomentar atractivos turísticos del Cantón San Vicente	Journal of Business and entrepreneurial Vol. 5-202 http://journal-businesses.com/index.php/revist a ISSN: 25760971 –journalbusi	X		Aplicación del Marketing Experiencial en la creación, promoción, difusión y posicionamiento post terremoto de la nueva imagen de los destinos Sucre- San Vicente-Jama-Pedernales
Investigando en la nueva sociedad del conocimiento	SBN 978-9942-775-19-1 en la Cámara Ecuatoriana del Libro, Agencia Ecuatoriana del ISBN			Observatorio turístico para el control de la gestión del destino turístico Sucre-San Vicente-Jama-Pedernales
Universidad del siglo XXI	ISBN 978-9942-775-36-8 en la Cámara Ecuatoriana del Libro, Agencia Ecuatoriana del ISBN	X		

Trabajos de titulación de tercer nivel

A continuación se describen algunos temas más preponderantes que se han dado desde las actividades de los proyectos que han tenido impacto en la comunidad, según el área de conocimiento:

Tabla 23. Proyectos institucionales

Temas	PROYECTOS					3ro	4to
	Aplicación del marketing experiencial en la creación, promoción, difusión y posicionamiento post terremoto de la nueva imagen de los destinos Sucre-San Vicente-Jama-Pedernales	Observatorio Turístico para el control de la gestión del destino turístico Sucre-San Vicente-Jama-Pedernales	Diseño de una ruta turística histórico arqueológico para el destino costa norte	Diagnóstico de la calidad de las playas que constituyen atractivos turísticos en los cantones sucre - San Vicente – Jama- Pedernales	Contribución al desarrollo del turismo sostenible en el destino turístico Sucre-San Vicente Jama-Pedernales		
El manejo de los recursos web incide en el aprendizaje en la carrera de hotelería y turismo de la extensión Bahía de Caráquez de la universidad laica "Eloy Alfaro" de Manabí durante el periodo 2013-2014. (Benito Villacís Lucas)		X				X	

Temas	PROYECTOS					3ro	4to
Las actividades en grupo y su influencia en el aprendizaje de los estudiantes del séptimo grado básico de la escuela general básica "Antonio Uscocovich" parroquia Leonidas Plaza, Cantón Sucre provincia de Manabí en el periodo lectivo 2013-2014		X				X	
El alojamiento turístico en hogares: Una alternativa de negocio para la dinamización de la economía en la parroquia de Canoa después del terremoto (María Daniela Solórzano Anchundia- 2016)					X	X	
Diseño de una ruta gastronómica ancestral como aporte al desarrollo del turismo sostenible del Cantón Sucre (Adriana Farías Solórzano-2018)							
"Análisis del mejoramiento de las estrategias publicitarias en las empresas comerciales en San Vicente" (Jennifer Fernanda Macías Ross-2018)							
Marketing experiencial y su aporte al fortalecimiento de emprendimiento de los negocios comerciales en la ciudad Bahía de Caráquez. (Débora Elizabeth Rodríguez Zambrano-(2019)	X					X	
Los costos operativos del departamento de alimentos y bebidas para el sector hotelero							
Modelo de evaluación del comportamiento del consumidor para la comercialización del destino Sucre –San Vicente (Frank Lemoine Quintero-(2020)							X
Desarrollo del turismo rural para elevar el nivel social, cultural y económico en la parroquia San Isidro (Delgado Farinango Emma Yajaira-2020					X	X	
Gestión de la relación con el cliente (CRM) para el posicionamiento empresarial comercial en Leonidas Plaza (Yoselin Delgado – 2019)		X				X	

Artículos de alto impacto, regionales, nacionales y locales, fruto de las actividades de los proyectos

La producción científica, como lo dicen varios científicos, es la revolución del conocimiento que hoy se evidencia desde las cátedras. En este nuevo escenario ya no se concibe dar una clase magistral, sin que ella deje huella en los estudiantes y motivados a dar respuestas a los problemas de la sociedad; es decir, que todo conocimiento que tienen sea un parámetro para dar vida a otro conocimiento, respondiendo a los problemas locales y nacionales. Lo que a continuación se comparte son resultados de una praxis de la dupla estudiantes y maestros que han trabajo juntos para compartir concomiendo.

Tabla 24. Artículos de alto impacto

REVISTA	RESUMEN ARTÍCULO	AÑO
Revista de Ciencias Sociales (RCS). Facultad de Ciencias Económicas y Sociales. Universidad del Zulia. p-ISSN: 1315-9518 e-ISSN: 2477-9431	Estilos de aprendizajes en estudiantes de la Universidad Laica Eloy Alfaro de Manabí, Ecuador Lilia Moncerrate Villacis Zambrano, Billy Hernán Loján Maldonado, Arturo Santiago De la Rosa Villao, Eduardo Antonio Caicedo Coello Resumen: Los estilos de aprendizaje se refieren al modo en el que los sujetos aprenden bajo diferentes condiciones y contextos sociales. En este sentido, la presente investigación analiza la expresión de los estilos de aprendizaje de los estudiantes de los primeros niveles académicos en las 5 carreras que ofrece la Universidad Laica Eloy Alfaro, extensión Bahía de Caráquez en Ecuador. La orientación metodológica se basó en un análisis multivariado y discriminante con una muestra de 130 estudiantes que respondieron al Cuestionario Honey-Alonso de Estilos de Aprendizaje, cuyos resultados muestran un predominio moderado de los estilos activo y pragmático. Además, se encontró una diferencia estadísticamente significativa entre los estilos reflexivo y activo, a nivel ponderado son más reflexivos 49,2%; esta diferencia se observa en la carrera de Administración de Empresas, donde son más activos 30,43%; en relación con los de Licenciatura en Turismo 17% y los estudiantes de la Licenciatura en Contabilidad y Auditoría son más activos 30,4% que los de Mercadotecnia, los de Hospitalidad y Hotelería es notorio el estilo activo, que tiene un 16%. Se concluye, que en las carreras estudiadas el estilo de aprendizaje predominante es el activo, excepto en Mercadotecnia en la cual predomina el pragmático.	Publicado 2020-10-07

REVISTA	RESUMEN ARTÍCULO	AÑO
RISTI Revista Ibérica de *Sistemas e Tecnologias de Informação Iberian Journal of Information Systems and Technologies*	**Sistema de plan de marketing como herramienta para aumentar las ventas en establecimientos gastronómicos: Caso norte de Manabí** Carlos Chica M.1, Lilia Villacís Z.1, Arturo De la Rosa V.1, Oscar Cedeño F.1 Resumen: En Ecuador y a nivel mundial se está viviendo un gran desafío, por causa de la pandemia provocada por el covid 19 que está afectando la biosfera económica, política y tecnológica, que se ha frenado el desarrollo turístico dentro a nivel nacional, provincial y local; a partir de este contexto, la presente investigación abordó bases teóricas conceptuales y propone procedimientos para diseñar un producto turístico arqueológico que conlleve a fortalecer la costa norte de Manabí. Los métodos utilizados fueron el Delphi, investigación descriptiva, cualitativa, cuantitativa. Se definió a partir del diagnóstico un diseño de producto turístico arqueológico para San Vicente, San Isidro, Jama, Pedernales como escenarios turísticos; fusionando lo natural, arqueológico, histórico, cultural, educativo, para posicionar el turismo rural y urbano de la zona norte de Manabí.	Recebido/Submission: 25/10/2020 Aceitação/Acceptance: 15/12/2020
RISTI Revista Ibérica de *Sistemas e Tecnologias de Informação Iberian Journal of Information Systems and Technologies*	**Sistemas para la gerencia de ventas aplicados a la gestión en restaurantes** **Lilia Moncerrate Villacis. Zambrano, Keily Jefferson Zambrano Arteaga1, María Yessenia Domínguez Loor, Kely Jennifer Zambrano Arteaga.** Resumen: La presente investigación se desarrolló en el Ecuador en la provincia de Manabí, específicamente en el balneario Briceño y tuvo como finalidad determinar cómo manejan los propietarios de los restaurantes de Briceño la gerencia de venta para gestionar la eficiencia en los restaurantes. La metodología utilizada fue la fundamentación teórica, científica, con datos cuantitativos y cualitativos y método Delphi, además se utilizó el instrumento de encuesta para conocer la problemática existente en el lugar tomado como objeto de estudio, de la de la cual se extrajo una muestra de 10 restaurantes con preguntas formuladas estratégicamente, adicional al mismo se aplicó una entrevista al presidente de la comunidad Sr. Elías Zambrano habitante del balneario Briceño, para conocer desde su perspectiva la situación actual de la comunidad, a partir de los datos obtenidos fueron interpretados por expertos de la ULEAM para su análisis. Los resultados obtenidos evidencian que las perspectivas analizadas dan un panorama relevante referente a la Gerencia de Venta lo que evidencia que la mayoría de ellos cumplen con los parámetros establecidos en la investigación realizada, sin embargo, al momento de contar con el apoyo de los colaboradores internos están capacitados para realizar sus actividades en el cumplimiento de sus objetivos, el 67% contribuyen al logro de este.	Recebido/Submission: 10/09/2020 Aceitação/Acceptance: 15/11/2020

REVISTA	RESUMEN ARTÍCULO	AÑO
RISTI Revista Ibérica de *Sistemas e Tecnologias de Informação Iberian Journal of Information Systems and Technologies*	**Sistema de plan de marketing como herramienta para aumentar las ventas en establecimientos gastronómicos: Caso norte de Manabí** **Lilia Moncerrate Villacis. Zambrano1, Luis Miguel Mejia Ruperti1, Jorge Armando Muñoz Chávez, Christopher Chukwugozie Okafor.** Resumen: La investigación se ejecutó en varios establecimientos gastronómicos de la zona norte de la provincia de Manabí – Ecuador, cuyo objetivo fue determinar la importancia del plan de Marketing para el aumento de ventas en los restaurantes. Para el desarrollo del trabajo se utilizó métodos cualitativos, cuantitativos, analítico para conocer la realidad se aplicó la técnica de la encuesta, se procesó la información utilizando el software SPSS 21.00. Se pudieron evidenciar el grado de satisfacción de los clientes, los factores críticos identificados en la problemática como pocas estrategias y objetivos claros para el aumento de ventas, se vio claro fomentar un plan de marketing para desarrollar y potencializar las ventas y ganar cartera de clientes y participación en el mercado gastronómico llegado así aumentar diferentes tipos de clientes, dando variedad de platos que satisfagan al público objetivo. Con la implementación del plan de marketing propuesto se logrará mejorar la atención al público, en el corto plazo, que permitirán a los restaurantes presentar nuevos platos que estén acorde con los clientes para incrementar sus ventas.	Recebido/Submission: 06/09/2020 Aceitação/Acceptance: 17/11/2020

Tabla 25. Artículos regionales

REVISTA	RESUMEN ARTÍCULO	AÑO
Centro Sur. *Social Science Journal.* Vol 5 No 1	*La consonancia de la cultura montubia, para mantener las tradiciones de los pueblos manabitas* **Lilia Moncerrate Villacis Zambrano, Mayra Espinoza Arauz** **William Renán Meneses Pantoja, José Ricardo Macías Barberán** Resumen El trabajo investigativo tiene como propósito rescatar la tradición oral del campesino montubio, recurriendo a su caracterización y divulgación, para fortalecer la identidad en la juventud, para que ésta asuma su propia identidad. Es importante recoger los valores de la cultura y la concepción de vida del pueblo, hacer conciencia de ella. También es cierto que la cultura que viene tiene sus valores. Es preciso reforzar la cultura ancestral para que pueda darse un enriquecimiento mutuo y no una imposición o destrucción. Se aplicaron métodos cualitativos y cuantitativos, como la encuesta, determinando el nivel de conocimiento que poseen los habitantes, referente a su identidad y prácticas ancestrales y su aportación al turismo. En el método estadístico descriptivo, a partir del levantamiento de información utilizando SPSS 21 para medir el beneficio que tienen en hacer suyas sus tradiciones y costumbres, que se han ido perdiendo, aculturizando una identidad foránea que quita al ser humano la capacidad de conocer lo propio, ser único e irrepetible para ejercer la identidad del pueblo montubio. Se verificó que la cultura no es un fósil, es algo dinámico. No es algo simplemente a conservar, sino que es una realidad viva y creativa; que el ser humano debe responder a los retos que le vienen de dentro y de fuera, por lo que es importante que el montubio manabita ame lo que es, lo que tiene y sus proyecciones futuras para las nuevas generaciones en la sociedad del conocimiento.	ene 17, 2021
Centro Sur. *Social Science Journal* Vol 5	*La nueva generación receptora de la identidad de pueblo: San Isidro Ecuador* Lilia Moncerrate Villacís Zambrano, Mayra Espinoza Araux, José Ricardo Macías Barberán, William Renán Meneses Pantoja Resumen La investigación aborda la caracterización del destino turístico de la ciudad de San Vicente, el objetivo es analizar la planificación estratégica de marketing desarrollada en el destino turístico de San Vicente de esta manera, se empleó el tipo de estudio descriptivo con la identificación de elementos y características que abarca la forma de organización, tomando el método cualitativo-cuantitativo de investigación con técnicas como encuestas y entrevistas. Los resultados obtenidos permitieron conocer que los visitantes predominantes son nacionales y el nivel de difusión de las bondades que posee. Un elemento destacable es la inexistencia de un plan de marketing o de comunicación actualizado y coordinado con las entidades públicas y privadas pertinentes para gestionar articuladamente las acciones para que sea sostenible el desarrollo turístico. Los hechos y los mensajes informativos, publicitarios no están siendo manejados estratégica y deliberadamente para tener acciones concretas y medibles para atraer a los visitantes y tener un diferencial competitivo.	ene 4, 2021

REVISTA	RESUMEN ARTÍCULO	AÑO
	En conclusión, los servidores turísticos buscan monetizar sus actividades y se deja al traste la formación turística que aún requiere mejorar, sumado a la idea que solo vista natural es suficiente para que el turista llegue.	
Journal of Business and entrepreneurial	***Plan de marketing para fomentar atractivos turísticos del cantón San Vicente*** Lilia Moncerrate Villacís Zambrano, Mayra Espinoza Araux, José Ricardo Macías Barberán, William Renán Meneses Pantoja Resumen La investigación aborda la caracterización del destino turístico de la ciudad de San Vicente, el objetivo es analizar la planificación estratégica de marketing desarrollada en el destino turístico de San Vicente de esta manera, se empleó el tipo de estudio descriptivo con la identificación de elementos y características que abarca la forma de organización, tomando el método cuali-cuantitativo de investigación con técnicas como encuestas y entrevistas. Los resultados obtenidos permitieron conocer que los visitantes predominantes son nacionales y el nivel de difusión de las bondades que posee. Un elemento destacable es la inexistencia de un plan de marketing o de comunicación actualizado y coordinado con las entidades públicas y privadas pertinentes para gestionar articuladamente las acciones para que sea sostenible el desarrollo turístico. Los hechos y los mensajes informativos, publicitarios no están siendo manejados estratégica y deliberadamente para tener acciones concretas y medibles para atraer a los visitantes y tener un diferencial competitivo. En conclusión, los servidores turísticos buscan monetizar sus actividades y se deja al traste la formación turística que aún requiere mejorar, sumado a la idea que solo vista natural es suficiente para que el turista llegue.	ene 4, 2021
Maestro y Sociedad, Volumen 18, Número	***Estrategia educativa en tiempos de Covid19: modalidad de webinar en comunidades de Manabí.*** César Arturo Carbache-Mora Lilia Moncerrate Villacis-Zambrano, Gema Viviana Carvajal-Zambrano, Frank Ángel Lemoine-Quintero. Resumen El objetivo de este estudio consiste en desarrollar estrategias educativas bajo la modalidad de virtual a través de los webinar en comunidades de Sucre y San Vicente como instrumento académico para fortalecer la actividad de enseñanza y aprendizaje de estudiantes y población sobre temáticas actuales para enfrentar las consecuencias del Covid19. La revisión de bibliografías referente a la temática accedió definir la estructura del webinar para lograr niveles de aceptación alto en la población. En el enfoque cualitativo se empleó como técnica para determinar los criterios de los participantes y el relato de experiencias durante el desarrollo de la actividad. En el enfoque cuantitativo se utilizó la técnica de la encuesta, que recogió la percepción y valoración de los asistentes a las conferencias desarrolladas.	2021-01-15

REVISTA	RESUMEN ARTÍCULO	AÑO
REVISTA CIENTÍFICA MULTIDISCIPLINARIA "SAPIENTIAE" - ISSN: 2600-6030, indexada y registrada en las siguientes bases de datos y repositorios: Latindex Catálogo 2.0, Google Académico, ROAD. https://publicacionescd.uleam.edu.ec/index.php/sapientiae/article/view/186	*"Análisis de los medios de transporte para el desarrollo turístico del cantón San Vicente – Manabí"* Lilia Moncerrate Villacís Zambrano; Frank Ángel Lemoine Quintero Resumen El presente manuscrito tiene como finalidad analizar los diferentes medios de transporte y su incidencia en el desarrollo turístico de San Vicente. Para esto se desarrolló un análisis basado en el estado del arte, el cual permitió desarrollar las variables del objeto de estudio. Con la finalidad de dar a conocer a quienes van dirigidos los diferentes servicios de transporte utilizados, evaluando su efectividad y detectando si aporta en el desarrollo turístico de dicho cantón. Se realizó un análisis de la situación actual sobre la calidad, preferencias, conocimientos y frecuencia de uso tanto de moto taxis, cooperativas de taxis, taxis ejecutivos y cooperativas de transportes Tosaguas, con la finalidad de evaluar los servicios que brindan en la localidad. Se efectuó un cuestionario dirigido a personas que utilizan este servicio y a los choferes de cada uno de los medios de transporte mencionados, concluyendo que estos medios brindan un buen servicio, sus días con mayor afluencia son los fines de semana y feriados y sobre todo lo más importante su público meta son personas de la localidad. Teniendo en cuenta las mejoras de la calidad del servicio brindado, para de este modo incrementar los clientes locales y externos como personas aledañas de otros cantones, provincias y en su posibilidad de otros países. Palabras clave: Servicios, medios de transportación, preferencias, turismo. https://publicacionescd.uleam.edu.ec/index.php/sapientiae/article/view/186	Edición Enero – Junio 2021
EBSCO	*El comportamiento del consumidor en la gestión comercial de destinos turísticos sucre-San Vicente. Un acercamiento desde las ciencias sociales, Ecuador 2017.* Lemoine Quintero, MG Montesdeoca Calderón, LM Villacís Zambrano. La investigación fundamenta su estudio en analizar el comportamiento del consumidor en la gestión del mismo en su entorno sociocultural y medioambiental. A través del método analítico se determinó que la actividad turística tiene un impacto importante en el medio económico debido a su efecto multiplicador que concibe esta actividad la cual brinda ingresos a las comunidades ubicadas en cada uno de los cantones generando servicios para todas las empresas y microempresas que operan en las localidades. Se estudian las contradicciones epistemológicas, políticas, económicas, culturales y ambientales ante la problemática social en sus dimensiones y su aporte a la gestión del destino turístico en la zona objeto estudio. Se propone adoptar un enfoque integrado, que tenga en cuenta las dimensiones económica, social y ambiental para lograr una gestión comercial de destinos turísticos eficiente y eficaz.	2020/2/1

REVISTA	RESUMEN ARTÍCULO	AÑO
IPSA Scientia, revista científica multidisciplinaria	***Incidencias de las contradicciones sociales en el comportamiento del consumidor turístico del Ecuador*** F Lemoine-Quintero, N Fernández-Rodríguez, L Villacis-Zambrano El estudio tiene como objetivo de realizar un análisis de las contradicciones sociales que afectan el comportamiento del consumidor en el desarrollo de los destinos turísticos en Ecuador. Se realiza un estudio del estado del arte que aporte al acercamiento de la ciencia social y los factores que influyen en el comportamiento de los consumidores. La investigación es del tipo aplicada y descriptiva. Se empleó el muestreo aleatorio simple para seleccionar los elementos de la muestra utilizada en la encuesta. La población considerada fue el promedio de turistas que visitaron el destino en el 2015: 8048 y el tamaño de la muestra fue de 366. El método analítico descriptivo permitió reflexionar sobre los indicadores de satisfacción y su aporte al comportamiento de los consumidores turísticos desde la concepción de grado de satisfacción donde el 45% evaluaron el destino de muy bien, el motivo de viaje donde el 26% lo realizo por ocio, vacaciones o recreo y el 35.1% visitan centros históricos del país. Se realiza un estudio de los mercados emisores según históricos estadísticos del 2014 al 2017 donde se denota una variación en los indicies de turistas al país. El análisis de las contradicciones sociales en el proceso del comportamiento al consumidor permitió definir las causas que han afectado la gestión del destino desde el plano epistemológico, político, económico, cultural y ambiental. El estudio aporta que al adoptar un enfoque integrado teniendo presente las dimensiones económicas, sociales y ambientales se logrará una gestión del destino eficiente y eficaz.	2020/ 12/31
Revista Investigación y Negocios	***Influencias del marketing experiencial para posicionar la marca ciudad en Bahía de Caráquez.*** César Arturo Carbache Mora, Yoselin Liceth Delgado Caicedo, Lilia Moncerrate Villacis Zambrano. En los actuales momentos en medio de la sociedad glo-balizada los customers o consumidores ya no buscan ser satisfechos por los beneficios de los productos o bien atendidos en los servicios, lo que desean es ser sorprendidos, emocionados en base a experiencias memorables, creativas y convincentes. El marketing experiencial nueva tendencia en la gestión de las experiencias o" Customer Experience Management" posee herramientas que pueden aplicarse en la construcción de una marca ciudad. Las ciudades masivamente visitadas, que se diferencia de las demás, se caracterizan por ofrecer a más de la conectividad, accesibilidad, seguridad, identidad, valores, funcionabilidad la eficiencia en generar emociones, sensaciones que dejen experiencias memorables. Tradicionalmente, el concepto de city branding o marca ciudad se ha estudiado desde el punto de vista del ámbito urbanístico o económico. Desde tiempos pasados la ciudad no cuenta con un posicionamiento como marca generando un bajo nivel de visita por turistas.	2020

REVISTA	RESUMEN ARTÍCULO	AÑO
	Esta investigación tiene el objetivo de es realizar una propuesta para crear una marca ciudad de Bahía de Caráquez y diseñar estrategias de comunicación publicitaria basada en las emociones, sensaciones que persigue el marketing experiencial. Se utilizaron métodos de observación y estadístico desc riptivos, entre las herramientas realizadas se encuentra la lectura científica como referencia de evaluar atributos marca ciudad y encuesta estructurada. Entre los principales resultados se obtuvo que la mejor fortaleza de Bahía está en su gente con el 56%, el 75% prefieren a Bahía como ciudad de...	
Bahía Magazine (revista científica multidisciplinaria)	*Mantener una alimentación sana a través del consumo de alimentos nutritivos* Belén Carolina Gilces Gilces, Lilia Moncerrate Villacis Zambrano El trabajo investigativo que a continuación se describe trató de analizar cómo las familias fomentan el hábito de mantener una alimentación sana a través del consumo del consumo de alimentos nutritivos que promuevan una vida saludable. De esta manera incorporar hábitos de una buena alimentación. Clasificar los alimentos según su origen. Afianzando normas de higiene. La metodología utilizada para incidir en la creación de hábitos alimenticios adecuados, ya que los mismos están pautados y dependen en gran medida de la valoración que tengan las familias de lo que es saludable, dado que las influencias publicitarias son muchas veces engañosas en cuanto a lo que deben consumir las personas. El bienestar nutricional se logra consumiendo alimentos que son parte de una dieta equilibrada que contiene la cantidad adecuada de nutrientes según los requerimientos de nuestro organismo, junto con la realización de ejercicio físico mínimo dos o tres veces a la semana. Nuestra propuesta es ofrecer oportunidades efectivas, eficaces e igualitarias, para promover una salud y alimentación saludables, ya que precisamente cuando se consolidan los estilos de vida y los hábitos alimenticios en las familias. La alimentación es, fuente de placer y de descubrimiento de nuevas experiencias, a la vez que es parte del proceso de socialización y de construcción de hábitos de vida. Por su enorme importancia en todos los planos de la vida de las familias, promover una alimentación saludable es uno de los pilares para la construcción de una buena salud individual y colectiva.	2020
Maestro y Sociedad	*La cromoterapia en la formación inicial especial: un acercamiento al pensamiento martiano* Eileen Inés Lemoine-Falagan, Lilia Moncerrate Villacis-Zambrano, Mayeline Hernández-Quintero El presente artículo pretende exponer de forma resumida el uso de la cromoterapia como una técnica para el desarrollo del lenguaje en niños de enseñanza en edad temprana «Concepción teórico-didáctico aplicable al proceso de formación de niños con trastorno del lenguaje en la educación especialy enseñanza inicial basada en el empleo de la obra de José Martí».	2020

REVISTA	RESUMEN ARTÍCULO	AÑO
	Se aplicó un sistema de métodos teóricos, analítico y descriptivo, que se complementaron entre sí para la obtención, procesamiento y presentación de la información necesaria. Se realizó un diagnóstico tomando como caso estudio la población de niños del círculo infantil "Sonrisas del Mundo" para mostrar la tasa de niños con trastorno del lenguaje a partir de tres dictámenes prevalentes. Resultados estadísticos mostraron que el estudio logra establecer las pautas para el uso de cromoterapia en el desarrollo del lenguaje desde la concepción del pensamiento martiano.	
Localización: ECA Sinergia, ISSN 1390-6623, ISSN-e 2528-7869, Vol. 9, Nº. 2 (Julio - Diciembre), 2018 Idioma: español	*Percepción de autores locales sobre el turismo sostenible en comunidades de Leónidas Plaza del cantón sucre Mambí* Autores: Frank Angel Lemoine Quintero, Santiago Navarrete Zambrano, Wilfredo Valls Figueroa, Gema Viviana Carvajal Zambrano, Lilia Villacis Zambrano El presente estudio tiene como objetivo analizar la percepción de actores locales sobre el desarrollo turístico en comunidades de la parroquia Leónidas Plaza. El método descriptivo aporto de forma significativa a la investigación permitiendo además el desarrollo del cuestionario aplicar al tamaño de la población seleccionada. Se utilizaron el software REDATAM para determinar las variables rama y tipo de actividad y el SPSS 21.0 como herramientas para obtener información. Entre los principales resultados en las 43 comunidades resulto que el 68.2% reconoce que la actividad turística es una de las principales fuentes de ingresos de la economía, pero un 52.7% considero que no se siente satisfecho con el desarrollo turístico. El instrumento aplicado demuestro una fiabilidad es de 0,95 de 1, por lo que se concluye que hay que direccionar políticas sostenible que posicionen al destino turístico en la zona.	(Julio - Diciembre), 2018
Magazine de las Ciencias	*La calidad educativa y la satisfacción de los estudiantes en extensiones manabitas* Lilia Moncerrate Villacís Zambrano RESUMEN La presente indagación se desarrolló en tres Extensiones de la Provincia de Manabí (Ecuador), se logró como objetivo explicar la relación entre la calidad de la educación y el grado de satisfacción de los estudiantes en las Extensiones objeto de estudio. En el tratado se utilizaron herramientas cualitativas y cuantitativas, entre las esenciales, se pueden mencionar: el muestreo, las encuestas, modelo Servqual, coeficiente de dispersión Pearson y coeficiente Spearman. Para el proceso y análisis de la información se utilizó el SPSS. 21 Entre los principales resultados alcanzados en la investigación se pueden citar: Se demostró la relación entre la calidad y la satisfacción, se probó que los programas académicos tienen una relación significativa con la satisfacción, se comprobó la relación entre la calidad de la gestión académica y la infraestructura y la satisfacción de los estudiantes universitarios.	2017-03-25

BIBLIOGRAFÍA

Álvarez García, Sergio (2019). Medios para la comunicación científica, ¿cuáles son los más eficientes? https://ciberimaginario.es › 2019/03/26 › medios-comu

American Chemical Society. *The ACS Style Guide: Effective Communication of Scientific Information.* 3ª ed. Editado por Anne M. Coghill y Lorrin R. Garson. Washington, D.C.: American Chemical Society, Oxford; Nueva York: Oxford University Press, 2006. [Links]

American Medical Association. AMA Manual of Style: *A Guide for Authors and Editors.* 10ª ed. Nueva York: Oxford University Press, 2007. http://www.amamanualofstyle.com/oso/public/index.html. [Links]

American Psychological Association. Manual de publicaciones de la American Psychological Association. 3ª ed. México: *El Manual Moderno*, 2010. http://www.apastyle.org/manual/. [Links]

Ander Egg, E. (1997). *Técnicas de investigación social.* México: El Ateneo.

ANSI/NISO Z39.29-2005 (R2010). Bibliographic references.http://www.niso.org/apps/group_public/download.php/6545/Bibliographic%20References.pdf [Links]

Arias, G. F. (1999). El proyecto de investigación: guía para su elaboración. Caracas: Episteme. Recuperado el 20 de Febrero de 2018, de http://www.smo.edu.mx/colegiados/apoyos/proyecto-investigacion.pdf

Balcells I Jungyent, J. (1994). La investigación social: introducción a los métodos y técnicas. Barcelona: Escuela Superior de Relaciones Públicas, PPU.

Barber María Ofelia Fox. Ave. Vento Núm. 9504 entre 6 y 10. Altahabana, Boyeros. Ciudad de La Habana, Cuba. Teléfono: 643-0425 mobf@infomed.sld.cu

Besse, J. (1999). "El diseño de la investigación como significante: exploraciones sobre el sentido", Biblio 3W. *Revista Bibliográfica de Geografía y Ciencias Sociales*, Universidad de Barcelona, N° 148, marzo

Buisán y Marín (2001). *Cómo realizar un Diagnóstico Pedagógico*. México: Alfa Omega

Bunge M. (1969). *La investigación científica. Su estrategia y su filosofía*. Ediciones Ariel, Barcelona, 19-63.

Bunge, M. (1989). *La investigación científica*. Barcelona: Ariel.

Citing Medicine: The NLM Style Guide for Authors, Editors, and Publishers. 2ª ed. Karen

Colina*, L. C. (2007). La investigación en la educación superior y su aplicabilidad social. 13(25), 230–250. https://doi.org/.ISSN1315-883X

Colina, L. (2017). Plan-nacional-de-desarrollo-2017-2021... Quito: Estado.

Cook, T. D. y Reichardt, CH. S. (1979). *Qualitative and quantitative methods in evaluation research*. Beverly Hills, California, USA. Sage. 3-6 pp.

Dalle, P., Boniolo, P., Sautu, R. & Elbert, R. (2005). *Manual de metodología. Construcción del marco teórico, formulación de los objetivos y elección de la metodología*. Buenos Aires: CLACSO, Consejo Latinoamericano de Ciencias Sociales.

Damián Cabezas Mejía, E., & Andrade Naranjo Johana Torres Santamaría, D. (2018). Introducción a la metodología de la investigación científica (primera). www.repositorio.espe.edu.ec.

Díaz Barriga, Á. & Luna Miranda, A. B. (2014). *Metodología de la investigación educativa: Aproximaciones para comprender sus estrategias*. México: Ediciones Díaz de Santos.

Díaz Torres, Raúl (2016). *Diseño Teórico de la Investigación*.

Dirección general de Investigación DIGI. (2012). *Una aproximación a la formulación de propuestas de investigación*. Guatemala: Universidad de San Carlos de Guatemala, Dirección General de Investigación, unidad de planificaciones.

Ecuador, C. d. (2017). Reglamneto del Regimen Academico. En *E. Estado, constitucion del Estado* (pág. 51). Quito.

EVALfor (2013, 23 de marzo), EVALfor: evaluación en contextos formativos. Misión, visión y líneas de investigación (web log post), en: http://www.uca.es/grupos-inv/sej509/misionvision (consulta: 22 de noviembre de 2014)

Fernández, S. P. 2002. Investigación cuantitativa y cualitativa. Cad. Aten. primaria complejo Hospitalario Juan Canalejo. Coruña, España. 76-78 p. Fulminante por COVID-19 *Revista Española de Cardiología,* 73(6), 503–504.

Gómez, M. (2016). *Elementos de Estadística Descriptiva.* (Tercera Edición). San José, Costa Rica: EUNED.

González Río, M.J. (1997). Metodología de la investigación social. Técnicas de recolección de datos: Aguaclara.

Habermas, Jürgen. 1996. *La lógica de las Ciencias Sociales*. Tecnos. Madrid (España).

Henderson, García. 2005. *Fines de la Investigación.*

Hernández Sampieri, R. Et. Al. (1991): *La Idea: Nace un Proyecto de Investigación*, Ed. MacGraw-Hill. México.

Hernández Sampieri, R., Fernández Collado, Carlos y Baptista Lucio, Pilar. (1998): *Metodología de la investigación*. México: Mc Graw Hill.

Hernández Sampieri, R., Fernández - Collado, C., & Baptista Lucio, P. (2006). *Metodología de la investigación*. México. D.F: Mc Graw - Hill/ Interamericana editores S.A.

Hernández, F. B. (2007). *Desarrollo Estratégico para la Ivestigación científica*. Portoviejo.

Hernández, R.; Fernández, C.; *Baptista, P. Metodología de la investigación*. México: Mc. Graw-Hill, 2004.

Hernández, R., Fernández, C., & Baptista, P. (2010). *Metodología de la Investigación*. México, D.F. Editorial McGRAW-HILL.

Horn, N. G. (2010). CRITERIOS DE RELEVANCIA Y PERTINENCIA DE LA. *Revista de la Asociación de Sociología de la Educación.*

Information resources. http://www.iso.org/iso/catalogue_detail.htm?csnumber=43320.

Investigación Educativa vol. 11 N.º 20, 163- 179 Julio-Diciembre 2007, ISSN 17285852

Irabien-Ortiz, Á. C.-M. (2020). Irabien-Ortiz, Á., Carreras-Mora, J., SioniMiocarditis. Obtenido de https://doi.org/10.1016/j.recesp.2020.04.001

Iram 32053-1:1995. Documentación. Referencias bibliográficas. Contenido, forma y estructura. [Links]

Iram 32053-2: 2001. Documentación. Referencias bibliográficas. Parte 2: documentos electrónicos o parte de ellos. [Links]

Létourneau, J. (2007). *La caja de herramientas del joven investigador. Guía de iniciación al trabajo intelectual.* Medellín: La Carreta Editores.

Martínez M. *La investigación cualitativa etnográfica en educación.* México: Trillas; 1999.

Medisan. (2014). Algunas consideraciones sobre el surgimiento y la evolución de la medicina natural y Medisan, 18(10).

Mollá, Marí Ricard (2001), *Diagnóstico Pedagógico. Un modelo para la intervención psicopedagógica*, Barcelona: Edit. Ariel.

Nieto, D., Gómez, N., & Eslava, S. (2016). Significado psicológico del concepto investigación en investigadores. Diversitas.

Núñez Flores, María Isabel (2007) Las variables: estructura y función en la hipótesis

Patrias Dan Wendling, Technical Editor. Bethesda, Maryland: National Library of Medicine, 2007 http://www.ncbi.nlm.nih.gov/books/NBK7256/

Pérez de M., T. (2016) Universidad Nacional Abierta. Guía Didáctica para la Sistematización de Experiencias en Contextos Universitarios. Ediciones del Vicerrectorado Académico. Primera edición.

Pineda, Beatriz; de Alvarado, Eva Luz; De Canales, Francisca (1994) Metodología de la investigación, manual para el desarrollo de person al de salud, Segunda edición. Organización Panamericana de la Salud. Washington.

Ruiz Olabuénaga, J.I. (1996). *Metodología de investigación cualitativa.* Bilbao: Deusto.

Salazar Anita (2015) Métodos y Técnicas Cuantitativas en la Toma de Decisiones.

Sayago Sebastián (2014) El análisis del discurso como técnica de investigación cualitativa y cuantitativa en las ciencias sociales versión On-line ISSN 0717-554X

Suárez Ortega, M. (2005): El grupo de discusión: una herramienta para la investigación cualitativa. Barcelona, Laertes.

UNESCO (1997). *La Educación superior en el siglo XXI,* visión y acción:. ED.98/CONF.202/CLD.49.

Vallejo Maite (2002). *El diseño de investigación: una breve revisión metodológica.* Ed. México.

Vallejo, M. (2002). El diseño de investigación: una breve revisión metodológica. Archivos de cardiología de México, vol. 72, N° 1, pp. 8-12. Tomado de medigraphic.com.

Ván Dalen, D. & Meyer, W. J. (1981). *Manual de técnicas de investigación educacional.* Buenos Aires: Paidós.